我国乡村少数民族

传统体育文化发展及其乡贤治理研究

吴秋来　刘君玲◎著

中国出版集团 | 全国百佳图书
中国民主法制出版社 | 出版单位

图书在版编目（CIP）数据

我国乡村少数民族传统体育文化发展及其乡贤治理研究 / 吴秋来，
刘君玲著. — 北京: 中国民主法制出版社，2024.5

ISBN 978-7-5162-3661-1

Ⅰ.①我… Ⅱ.①吴… ②刘… Ⅲ.①乡村—少数民族—民族形式
体育—研究—中国 Ⅳ.①G852.9

中国国家版本馆 CIP 数据核字（2024）第 094930 号

图书出品人：刘海涛
出版统筹：石　松
责任编辑：刘险涛　吴若楠

书　　名 / 我国乡村少数民族传统体育文化发展及其乡贤治理研究
作　　者 / 吴秋来　刘君玲　著

出版·发行 / 中国民主法制出版社
地址 / 北京市丰台区右安门外玉林里 7 号（100069）
电话 /（010）63055259（总编室）　63058068　63057714（营销中心）
传真 /（010）63055259
http: // www.npcpub.com
E-mail: mzfz@npcpub.com
经销 / 新华书店
开本 / 16 开　787 毫米 × 1092 毫米
印张 / 11.75　字数 / 215 千字
版本 / 2025 年 2 月第 1 版　　2025 年 2 月第 1 次印刷
印刷 / 山东蓝彩天下教育科技有限公司

书号 / ISBN 978-7-5162-3661-1
定价 / 68.00 元

前 言

乡村少数民族传统体育文化是我国民族传统文化体系中至关重要的组成部分，促进民族传统体育文化的传承和发展，能有效带动乡村少数民族传统体育文化在现代社会的发展和传播，丰富中华民族传统文化的内涵，促进民族特色文化传承和发展体系的建设，对于激发社会大众的民族凝聚力和文化自豪感也产生着重要的影响。

在几千年社会发展的历史长河中，广大少数民族发明和创造了无数内容丰富多彩、形式多种多样的体育健身和娱乐项目。这些传统体育项目产生于各少数民族的生产实践和社会实践，具有鲜明的民族个性和传统特色。在伴随各民族的生存和发展，饱受时代风风雨雨砥砺的进程中，已经深深融入了各民族的生活之中，可以说是少数民族发展的历史写照。在新时代背景下，结合十九大提出要全面构建中华民族文化体系，促进优秀传统文化在现代社会传承和发展的思想，新时期要注意对少数民族传统体育传承困境进行分析，建立完善的少数民族传统体育发展模式，有效推动少数民族传统体育传承发展取得显著的成果。

自古以来乡贤在特殊的历史节点，为传统乡村经济、教育、体育等事业发展发挥着不可磨灭的作用。进入新时代后，乡贤对推动乡村各项事业发展的作用被重新认可。乡贤扎根本土，对我国乡村政治、经济、文化、教育等领域非常熟悉，当然也包括乡村体育。他们可以凭借自身优势及声望，以身作则，潜移默化地影响、感染周边人群，用农民喜闻乐见的方式来传播乡村少数民族传统体育文化，让乡民形成一种健康的体育生活方式。呼唤乡贤回归乡土既是助推乡村振兴的有力举措，也是全面振兴乡村少数民族传统体育的发展新思路。因此，当前在乡村少数民族传统体育的发展过程中，乡贤作为一支不可多得的重要力量，扮演着"桥梁""智库""楷模"等角色，在乡村传统体育发展中发挥着中流砥柱的作用。因此，基层政府理应高度重视乡贤的回归工作，打开乡贤回归的友好窗口，弥补乡村少数民族传统体育发展的短板，凝聚乡贤力量助力传统体育的全面振兴。

本书共分为六章。其中，第一章深入解析了体育文化产生的动因和社会根本，并对体育文化的性质和特征进行了分析；第二章诠释了我国乡村少数民族传统体育的起源与发展状况，并对乡村少数民族传统体育的内容、分类、特点、功能等方面的内容进行了阐述；第三章分别对乡村少数民族传统体育文化的内涵、属性和价值进行了探讨；第四章对乡村少数民族传统体育文化的现代化进行了研究，包括乡村少数民族传统体育文化的现代化保护机制以及现代化发展模式等；第五章从乡贤治理的角度入手，论述了乡贤文化与乡村少数民族传统体育文化之间的关系，解析了乡贤文化的相关概念、产生的历史渊源、特征及时代价值，并且重申了乡贤文化在乡村少数民族传统体育文化发展中的地位与作用；第六章以湘西南地区少数民族传统体育文化发展为例，论述了湘西南地区少数民族传统体育的起源、发展、分类、特征及价值，并且提出了湘西南地区少数民族传统体育发展的对策，以及乡贤治理路径。

本书在写作过程中参考了众多专家学者的研究成果，在此表示诚挚的感谢。由于时间和精力的限制，本书的内容可能会出现疏漏，恳请广大读者予以指正。

吴秋来

2024 年 1 月

目 录

第一章

绪　论

文化是一种社会现象，是人们在长期的社会生活实践中逐渐形成的，其是历史的积淀。体育运动伴随着人类社会而逐渐发展完善，这一过程中也形成了相应的体育文化，对其进行分析和研究，具有重要的意义。

第一节　体育文化相关概念解析

一、体育文化的概念分析

体育文化是关于人类体育运动的精神文化、物质文化和行为文化的综合，它包括人们对体育运动的认识、体育运动的制度以及相应的设备设施、体运动道德体系等各方面的内容。

随着社会的发展，体育文化也在不断发展完善，其概念也不断完善。一般将体育文化定义为：人们在促进自身健康、提高人类生活质量的社会活动中创造并形成的一切物质财富与精神财富的总和，包括与之相适应的社会组织及规范体育活动的各种思想、制度、伦理观念与审美理念，还包括为实现目标而采取的各种措施以及相应的成果。

在社会发展的过程中，体育文化的概念随着人们逐渐地深入认识而不断变化，而随着社会的继续发展，体育文化的概念也必将会与时俱进，不断得到创新。

体育运动在发展过程中，逐渐形成了一定的体育文化，其主要原因有如下几点。

其一，体育是以身体作为基本的参与手段，人们在体育运动中，通过自身的身体活动，来改变其自然属性和社会属性，从而实现自然价值和社会价值的转变。体育除了作为物质文化体系外，作为一种文化表现形式，它也成为社会上层建筑的一部分。

其二，体育运动是一种非遗传性的身体活动，虽然是由人类创造，但必须经过后天的不断练习才能习得。体育运动并非是简单的动物本能的嬉戏和身体活动，而是对人类思维方式的表达和传递，因此，这就使得体育产生了文化意义。

其三，在发展的历程中，体育运动体现了文化的民族性、时代性、继承性、阶级性和世界性等。

其四，在开展相应的体育运动时，文化的相应特质能够表现出来，各种运动除了具有其形式以及需要必要的器材设备之外，其还具有一定的内部意识形态，包括各种行为规范、价值观念等方面。

体育文化的形成可以追溯至原始社会时期，但是其概念直到近代才提出。人类早期的教育主要内容为生产技能或自卫方法等实践技能，教育的目的在于让人能够在生产力水平较低的情况下得以生存。直至进入到奴隶社会后，教育活动开始逐渐拥有了专有场所和教育人员，这无疑是一次巨大的突破，而这也是后来体育教育发展的基础。据古代文献记载，在商朝时就已经出现了类似于现代概念中的学校了。那时的学校名叫"庠"，其教学内容以习武为主，兼顾习文。在"习武"中又以"习射"为主，主要练习弓箭的使用。学校的发展来到西周时代后，出现了以礼、乐、射、御、书、数为基本内容的"六艺"教学体系。在这"六艺"中，有射、御、乐三项与体育有关。时间来到春秋战国时代后，从孔子、荀子、墨子等大思想家的教育思想中便可以看到教育的重要性。孔子指出："有文事者必有武备。"（《史记·孔子世家》）教育弟子治国要"教民以战""善人教民七年，亦可以即戎矣。"（《四书五经》中的《论语·子路》）而荀子在《荀子·乐论》中指出了娱乐是人们不可缺少的生活内容，支持那些以身体活动为形式的活动来达到娱乐身心的目的。墨子更是一位注意培养弟子武艺技能与勇敢精神的教育家，在墨子的教育内容中，军事体育占有一定的地位。

德国学者在1818年提出了"Physical culture"，即为"身体文化"，"体育文化"在此基础上发展而来。19世纪末以后，身体文化的概念被人们理解得更加宽泛，将运动器械在内的文化现象都归为体育文化。1974年，国际体育名词术语委员会出版的《体育运动词汇》对体育文化进行正式的定义：广义文化的一个组成部分，它综合各种利用身体文化锻炼来提高人的生物学和精神潜力的范畴、规律、制度和物质设施。

体育运动是人们在生产生活中创造出来，其是逐渐从体力劳动中逐渐分离出来的。在其发展过程中，只有其被人们用于促进身体发展活动时，其才真正被赋予了体育文化的意义。

二、体育文化的层次划分

在早期的社会中，体育文化又被称为身体文化。这一概念延续到 19 世纪末，体育文化的解释才逐渐被人们广泛接受。体育文化是社会文化的重要组成部分，它主要是通过利用身体的各种文化锻炼来提高人的生物学和精神潜力的范畴、制度和物质设施。

体育文化包括体育精神文化、体育物质文化和体育体制文化。

体育的精神文化主要表现在心理、观念方面，是指在长期的社会活动与交往过程中，由人对运动所形成的价值观念、心理倾向以及由抽象的声音、色彩等来体现的运动精神。

体育的物质文化是体育的物质产物，包括体育器材、体育场地、体育设备、体育健身场所等。

从制度上看，体育行为文化主要是指人们的行为方式，体育制度的文化主要是指人们在体育活动中的角色和地位以及各种体育活动的组织形式，为了推动体育的发展而建立的各种组织机构，以及各种体育活动的制度和管理模式。

总体上看，运动的核心是运动的心理，而物质文化则是体育文化最外在的东西，而体育行为文化则处于物质与精神之间。我们认为，体育的精神文化是指运动的内部文化，而运动的行为和物质的运动则是其外部的。体育价值观、体育思想在体育文化中占有重要的位置；行为制度文化是指在人的运动过程中，心理和精神的表现；体育的物质性是指人的运动精神和身体素质在物质、物品中的表现。

体育精神文化、体育物质文化、体育制度文化三者是体育文化的有机组成部分。一种运动物品往往能在各个层次上凝聚出三个层次的运动文明，例如，在学校的运动竞赛中，授予冠军的奖章或运动器材，从心理上讲，它是对运动员的竞技精神的一种认可；在实物方面，获得的奖章或体育器材都属于实物商品；在行为上，它既是对得奖者的一种认可，也是一种对其进行嘉奖的体系。

第二节　体育文化产生的动因与社会根源

体育及体育文化的产生和发展与人类社会的发展有着很大的关系，而体育文化之所以产生有着不同的动因以及深刻的社会根源。探究体育文化产生的动因和社会根源有助于我们更好地认识和了解体育文化，进而更好地促进体育文化的发展。

一、体育文化产生的动因

对体育文化产生动因的研究，首先要从人的需要入手。在原始社会，人的身体活动大致可分为以下三种：一是人类的生产活动，如捕鱼、狩猎等；二是人类对抗大自然所必须具备的技能，如攻防、格斗、走、跑、跳、攀爬等；三是满足人的某种需要的行为或活动，如游戏、竞技、舞蹈、娱乐等。需要注意的是，这三种活动之间并没有明显的界限，很多时候都是难以截然分开的。体育活动的主体和客体都是人，人类自身的发展与社会发展是密切相关的。因此，我们在探讨体育文化的起源与发展时，必须考虑人的社会因素和自身因素。通过社会心理学的知识可知，人的一切行为都有着一定的动因和动机。所谓动机，就是指引起维持、推动个体活动以达到一定目标的内部动力。动力来自人的某种需要，如果没有强烈的欲望或需要，个体的动机也就无从产生。可以这么说，动机产生某种行为，在社会生活中，不存在没有动机的行为。

马克思认为需要是人类一切活动的激活剂。他说："任何人如果不同时为了自己的某种需要和为了这种需要的器官做事，他就什么也不能做。"需要是人们一切活动产生的动力，如果没有生存和繁衍的需要，就不会存在社会经济行为；如果没有性本能的冲动，种族就不会得到发展和延续；如果人们没有情感交流的需要，语言就不会产生等。由此可见，"需要"是人类一切活动的动因。

由以上分析可以得出这样的结论，体育产生于人们的生产劳动，但需要注意的是，仅仅认为体育文化产生于人们的生产劳动还是不全面的，因为原始人不仅需要劳动，而且还需要生活。人们有物质需要，但也有思想感情的交流，喜怒哀乐等情绪的表达等，这说明体育也产生于人们的社会需要。将这些需要归纳起来，就是人们需要一个强健的、灵活的、有力的身体，参加各种社会活动，从而获取扩大各种活动的更大自由。

二、体育文化产生的社会根源

（一）体育文化起源于人类的劳动过程中

体育文化起源于人类的劳动，这是毋庸置疑的。但体育社会学的研究不能仅仅满足于这一简单的结论，因为人类的文学、语言、艺术等各种活动也产生于劳动，需要将体育文化活动同其他活动加以区别开来。

在研究人的来源时，人们最先发现了一种超级生物性的肢体，即手的形成。手部的发展，说明人们有一种利用大自然来延伸四肢，以此来达到自己的目标，以此来对抗和战胜大自然的欲望。随着双手的出现，人类四肢的形状和功能也发生了变化，比如，四肢已经不仅仅是用来支持人的躯干了，而是可以用来控制自己的工具和工作。人体的这种超级生物四肢还需继续强化、改善其行动和发展新的机能。由此产生了体育文化。

在由猿猴向人过渡的同时，人类的超生物体验也是促进体育文化产生的一个主要因素。这种经历既有对工具的运用，也有对知识、技术、技能的学习和熟练，也有对情绪的体验和对意愿的引导。随着时间的推移，人的社会阅历不断丰富，而这种经历也在不断地传递和传承。在没有文字出现以前，人们主要通过体育文化的方式交流、传播和延续。这就是体育文化产生的根源所在。

（二）体育文化产生于人们的社会需要

体育的产生来源于人们的生产需要和社会需要。人有多种多样的需求，除了生产的需要外，还有生理、心理、安全、娱乐、社交、信仰等各种各样的需要。这些需要都在一定程度上促进着体育文化的产生与发展。因此，纵观人类的整个发展史，军事格斗、宗教祭祀、舞蹈娱乐、医疗保健等活动都推动了体育文化的产生与发展。

（三）体育文化同体力劳动有着一定的差别

体育文化是由体力活动而诞生的，但它不是劳动。劳动是为了改变对象的本性而对自然界或其他物体进行的作用效果。而体育则是通过人类的行为来改造人的本性与社会性。在体育运动中，人与物是一体的。劳动的成果是创造利用的价值，而运动的成果是创造活动的成果和竞争的价值。由此，从体育诞生以来，就逐步脱离了物质文化系统，并融入了社会的上层建筑之中。

第三节 体育文化的性质与特征分析

一、体育文化的结构

物质文化要素、制度文化要素和精神文化要素，三者相互结合，共同构成了体育文化这样一个有机整体。

（一）物质文化要素

体育物质文化是指人们以体育为目的或在体育中的活动方式及其物质形态，可将其分为体育活动的方式、体育器材和场地设施，以及为促进体育发展而创造并形成物质的各种思想物化品三个紧密相连的部分。

1. 体育活动方式

"生命在于运动。"这句话告诉我们，运动是人类发展的灵魂，只有通过参与各种运动形式的活动，人们才能对进行改造和完善，如锄草、耕田、插秧、纺织、印染、锻造等各种农业和工业的劳动动作，都是人们满足基本生活的活动方式。

以往，人们参与体育活动的主要目的是强身健体，增强自身的身体素质。古代民众通过劳动的方式来实现体育锻炼，在一定程度上可以看作是对人类劳动方式的一种补偿。随着人类文明的不断向前推进，人们参与体育活动的目的逐渐转向为增强自身的工作能力，提高劳动和工作效率，成为人们满足精神需求的一种重要活动方式。例如，人们在工作紧张的时候，会选择通过跑步的形式来缓解这种情绪；年轻人强身健体，会选择打网球或是打篮球的方式；当人们需要放松情绪或是需要情绪宣泄的时候，则通常会采用观看足球比赛的方式来进行。上述这些活动内容都可以看作是体育活动所涵盖的方式。

2. 体育器材和场地设施

在整个的历史发展过程中，人类会依靠自身的能力进行创造性的改变，以此来满足不同的需求，这是人类的一项基本活动。在人类的各种需求中，体育是一种精神上的需求，因此与人类其他的需求相比较，体育需求出现的时间相对较晚。但是，人们并没有减少对满足自身全面发展需要而创造的欲望。例如，人们为了满足自身体育运动的需要，建了田径场、体育馆、足球场等场地设施，以及创造出网球拍、雪橇、游泳镜等体育器材，这不仅成为人类诸多物质用具和设施中耀眼的部分，也加入了更多新的高科技元素。随着人类需求的逐渐增多，以及需求层次的提升，人们对创造高层次精神需求的动力更为强烈，这对推动体育物质用具和设施的发展，起到极为重要的作用。

3. 关于体育发展所创造并形成物质的各种思想物化品

体育物质文化中的最高层次部分就是创造并形成物质的各种思想物化品。在体育物质文化中，其范畴中也包含了由人们的体育意识和观念直接形成的物质产物，并且这种形式的物质产物要高于直接充当体育活动方式载体的体育设施和用具，如体育法规制度、体育比赛录像带、裁判法、体育歌曲录音带等。因此我们可以说，所谓的体育物质文化，指的就是那些在体育文化中所实际存在的，能被人们直接感知，有具体形态的事物。与体育制度文化和体育精神文化相比较，体育物质文化最突出的特点是，具有形态的物质性、功能的基础性、表现的易显性。体育物质文化是指内涵和功能具有物质性的活动，如体育电影片。事实上，体育物质文化是体育精神文化的投影，其中沉淀了人们的精神、欲望、智慧等，体育物质文化是体育精神的物化。所有由体育目的和需要而作用的物质对象及人类生活方式都可以视为体育物质文化。体育文化是对体育水平的直接反映，在一定程度上也间接地反映了社会生产力的发展水平。

体育物质文化主要是指体育文化各种存在形式中，能够直接感知的事物。例如，款式各异的运动服装和风格独特的体育场馆都是体育物质文化的内容，它们不仅能够直接被感知且具有明显的物质功能性。动感形象的体育雕塑、设计精巧的体育器械也都属于体育物质文化的范围，它们客观存在的同时还具有很强的表现性。

体育物质文化具有物质性、基础性和易显性，其特性主要表现如下。

（1）物质性。在现实生活中，真实存在、可以被触碰感知的，与体育相关的具有实物形态的事物，都可以被称为是体育物质文化。在创造这些事物的过程中，创造者自身的主体意识被凝聚了进去，但最终展现的形式却是物质上的，而不是精神上的。体育物质文化是对自然客体的现实改造，其本身就是物质的，如，一本体育书籍和一张乒乓球桌都是体育物质文化，其中也蕴含着体育精神，但它们始终是物质的而非精神的。

（2）基础性。体育物质文化是体育制度文化和体育精神文化的基础。例如，如果没有足球场和足球器械作为物质基础，足球协会和足球精神便不可能存在，更不可能得到发展。

（3）易显性。体育文化的发展状态，首先会在体育物质文化中体现出来。出现这种情况的原因是，体育物质文化的产生和发展，与社会生产力发展之间有着极为密切的关系，并且是体育文化中最容易被观测到的。

（二）制度文化要素

体育制度文化作为一种制度的结果，是通过体育自身的发展而形成的，它是对体育中人之间的各种关系进行调整的规章制度和组织机构。

体育制度文化是指在体育运动过程中，由人在运动过程中产生的一种富有活力和稳定的文化。体育社会组织形式、政治法律形式、体育伦理道德、群体风尚和风俗习惯等方面是区别于物质文化和精神文化的。

1. 各种组织机构

组织机构是人类不断进步的结果，是可以有效、合理地调动人类团体的力量。不管是个人行为或是群体行为，都与组织机构密切相关。体育运动是一项对人进行自我改造、推动社会发展的重要文化产品，它在各个组织机构中都占有重要的地位。体育制度文化包括世界体育组织、大洲体育组织、国家体育组织、大众体育组织、学校体育组织、体育竞赛组织等。为了让体育事业的走向符合体育的发展规律，在组建各类体育组织的过程中，既要适应时代的要求，又要注重体育发展的需要和需求。

2. 体育活动的原则和制度

在组织制度文化系统中，组织的性质、活动方式和发展的走向都由组织的基本原理和制度所决定的，是关系到组织的最高层次和最直接的组织文化。具体来说，体育物质文化是体育文化中由人民自己形成的一种文化，是一种动态的、稳定的文化结果。体育制度文化来源于对体育活动实践和体育精神领域的思考，是体育制度文化体系中作用最为突出的组成部分，是统领体育一般规范与体育机构的桥梁。体育制度不健全，会影响体育机构的建立和完善，体育产业制度不完善对体育经营管理活动的顺利进行有着制约作用。因此，只有不断地进行改革、更新和完善，才能改善体育的发展状况。

3. 体育运动中的组织形式

在社会中，人们所扮演的角色和地位，不仅由人的能力差异所决定，而且也是由活动组织形式需要多种不同的角色所决定的。在体育运动中，也有很多不同角色的划分，如裁判、教练、队长、队员、游击手、投手等和单败淘汰制、单循环制、交叉淘汰制等赛制，这属于体育制度文化中最基本的内容。在体育运动中，对于角色也有着原则性的区分，如运动队中的队长一职是由技艺高超或号召力强的运动员担任的。在运动竞赛中，可以根据参赛队伍的多少来调整比赛制度，但在大多数情况下，比赛的赛制是固定的、严肃的。

体育制度文化的特性可概括为以下几个方面。

（1）时代性。政权机构和社会制度会伴随着时代的变化和政权的更替而变化，而且它对体育制度文化中的各个层次起着制约和促进作用。体育制度文化表现出明显的时代特征。

（2）俗成性。对于体育制度文化来说，通常都是通过人们的约定俗成而最终产生并确定下来的，经历了长期的体育发展历程。其并非是靠政府规定的，很多少数民族的体育风俗就具有这种特性。

（3）连续性。

在体育制度文化漫长的发展过程中，一些极具研究、参考、传承的价值内容，并不会随着时代的发展而逐渐被湮没，而是得到相应的继承和发展。

（4）内化性。一些体育制度文化，可以经过人们的认知，不断内化深入，从而成为个人的意识，形成一种不需要任何外部情况刺激的自觉行为。

（三）精神文化要素

体育精神文化是指人类借助于体育或者以体育为依托的主观世界改造的活动以及产物。体育精神文化包括以下四方面内容。

1. 思想观念和理论体系

由于体育是一项以改造人的身心为目的，促进身心全面发展的活动，因此，它需要在多个方面和不同的层次上作出科学的阐释。体育学科是在体育活动的理论需要背景下产生和发展起来的，如体育史学、体育经济学等。这些体育学科和一些体育领域的研究主要是通过书面的形式进行呈现的。体育学科专著的出版是体育学科发展的重要标志。

2. 精神世界的物质内涵和行为准则

体育精神文化将体育物质文化和制度文化紧密相连，是其与一般文化最基本的区别。例如，体育谚语、运动训练、体育器材、体育服饰等，这些都属于这一层次的体育精神文化。体育精神文化属于行为文化的范畴，它与体育物质文化和体育制度文化有着十分微妙的区别。就一件运动服装来说，从体育物质文化的层次，可以对它的质地、型号、颜色等进行欣赏；从体育精神文化的层次，可以注意其展示的体育民族个性、审美情趣等因素。在运动训练中，我们观察和注意的是它的外在身体运动的场面表现等体育物质文化；注意它的教学传授方式与人际关系等体育制度文化；注意它的训练原则与指导思想等体育精神文化。仅从一个角度和层面是无法将体育的物质、制度和精神文化区分清楚的，三者是紧密相连，密不可分。

3. 通过体育改造人的主观世界的想法和打算

体育精神文化是指体育活动中所依附的思想意识形态的总称，如科学、心理、哲学、道德规范、审美观念、文学艺术等。在体育文化中传承的社会心理、道德规范、科学、哲学、宗教信仰、审美评价和文学艺术等思想意识形态领域的反应，均属于体育精神文化，包括不同地区和民族的传统心态。竞技体育的文化价值是在弘扬主体精神、竞争观念、民族意识、科学态度等人类基础价值观念中体现出来的，它是体育精神文化的重要内容。例如，亚运会的拼搏进取、团结奋进、科学求实、祖国至上、争创一流的精神，中华体育精神等都是体育精神文化中的精华。

4. 通过抽象的声音、色彩等表现体育精神的艺术文化

人类把握世界不能仅靠只有物质和精神的单一形式，其还要把握精神物化的产物。这些形式的文化，不仅只有实实在在的物质表面，而且还蕴含着人类的情感、意志和灵魂。文艺是这类方式的杰出典范。体育活动具有直观、激越、宏大的特点，这些特点使它成为文艺表现的对象，如体育诗歌、小说、漫画、相声、小品、体育邮票、体育歌曲等体育文艺都归属于体育精神文化的范畴。例如，一幅漫画，我们可以从它的体育精神文化角度来探究它所表现出来的体育思想和情感。体育精神文化的这个层面属于艺术文化的一部分。

总而言之，体育精神文化是对多种意识形态表现形式的总称，包含体育互动的心理、审美、艺术等意识形态。在一定程度上我们可以说，所谓的体育精神文化，指的是在体育文化中由精神占据主要地位的部分。在体育文化中，所有涉及心理、审美、艺术等思想表现的部分，都可以被看作体育精神文化。竞技体育文化中所表现出的竞争意识、自主精神、科学观念等价值观念，也是体育精神文化的重要内容，而团结奋斗、拼搏进取、为国争光的体育精神更是体育精神文化中的精华。

体育精神文化所表现出来的特性，主要有以下几方面。

（1）积累性。与体育物质文化和体育制度文化相比，体育精神文化更具有凝固能力和抗同化能力，它既有积极的一面，也有消极的一面。其中，积极的一面是指优秀的体育精神文化的传承能够推动体育文化的发展和进步；消极的一面是指保留落后的体育精神文化会给体育文化的发展造成阻碍。

（2）沟通性。体育保存和传承的目的是加强沟通，形成精神对话，而其保存和传承的方式主要有笔录书写、阅读赏析、语言交流等。体育的形式虽然是物化的产品，但它是传导体育主题精神和意念的媒介物。这也体现出体育精神文化的沟通特性。

（3）内视性。体育的感知、思维、价值观念、审美情趣等因素共同构成了体育主题精神的内视领域，这些因素充当着体育精神内容的实体。

二、体育文化的性质

体育文化作为一种重要的社会文化现象，其是一种综合体，具有多方面的性质。具体而言，体育文化的性质主要包括以下几方面。

（一）时代性与永恒性

体育的内涵与形态是伴随着历史与时间的变化而变化的，这就是体育文化的"时代性"。其反映的是，在同一个时代或是同一个社会发展时期，世界各民族对体育文化有着共同的需求。随着时代的变迁与发展，各个历史人们的生产模式也不尽一致。居住条件对人类的生存有着重要的意义，而人类在日常生活中所创造的各种文明，更是受到其生存条件的制约。因此，体育文化的内容、形式和性质都具有一定永恒性，并且还呈现出明显的时代特征。

不同的时代有着不同的体育价值观点，因此，对于不同时代的体育文化，我们不能用一个绝对的标准来衡量。要从历史的角度审视，对历史上的体育文化进行评价，既要看到其时代的局限性，也要看到其进步性。如，唐代与汉代的人体健美观不同，唐代以肥为美，而汉代则以瘦为美，这就导致了两个时代体育文化的差异、舞蹈的差异、女性参与体育的方式和心态的差异。

体育文化的时代内容与形式使体育文化发展呈现出不同的阶段，所有的体育文化都带有时代性和民族性这两种特征，这二者之间是一种一般性与特殊性的关系。所谓的一般性指的是，对于处于同一时代的，但分属于不同于民族的体育文化来说，其所具有时代特征是相同的；而特殊性则指的是，对于处于同一时代的，但不属于同一民族的体育文化来说，其又会体现出本民族的特征。需要注意的是，对于那些处于同一时代，并且是出自相同民族的体育文化来说，其具有相同的文化心理，这也是体育文化的一般性；而处于同一时代同一民族，但是却属于不同的党派下所产生的体育文化则具有不同的文化心理，这同样属于体育文化的特殊性。由此可见，体育文化的时代性包含在民族性之中，而体育文化的民族性也同样包含在时代性之中，这是同一内容的两种不同性质。

体育文化的时代性和永恒性是一个实体的两个方面、两种属性。人类在体育文化发展中，有着对共同东西客观、普遍的追求，这使得体育文化具有永恒性。在体育文化中，时代性与永恒性是辩证统一的。每个时代都有相对先进和发达的体育文化，但每个体育文化都不可能永远最进步，先进与落后会彼此转化和交替。当前西方体育文化依然处于比较优越的地位，但是世界体育文化的发展趋势表明东方体育文化的复兴之日并不遥远。

（二）民族性与人类性

体育文化所具有的民族性指的是，与其他的民族相比较，一个民族无论是在生产方式、生活区域环境等方面都有其特殊性，因此会形成具有本民族特色的文化。不同的民族在创造体育文化的过程中，由于会受到当地地理环境、生存环境、生产、生活方式、文化积累和传播方式等方面的影响，因此几乎所有本民族的民族文化都具有民族性的特征。从这里我们可以看出，产生于不同民族的体育文化，也就具有了民族性的特征。体育文化的民族性建立在社会历史与文化传统的基础上，相同的地域空间会形成相同的体育文化，地域的不同只能对民族的体育文化产生间接的作用，而这种作用随着社会的进步发展而减弱。

在人类文化产生和发展的历史长河中，不仅体现着共性的部分，同样也体现着个性的一面。这里所说的民族性，指的就是不同民族文化间差异的具体体现。民族体育文化也就是在相对固定的地域内产生和发展起来的，并逐步成为全民族共同的文化现象。

我国是一个多民族国家，包括汉族在内，大约共有 56 个民族。在各民族长期的发展过程中，他们逐渐形成了自己独特的体育活动方式。对各个少数民族来说，其在发展过程中会经历不同的社会历史形态，因此本民族所产生的体育文化不仅会表现出明显的地域性特征，同时也会展现不同民族所具有的独特的生活方式。我们从文化人类学的角度对体育文化进行研究的过程中，可以发现，体育文化与种族繁衍和生产劳动之间，也有着极为密切的关系。对于少数民族传统体育来说，其与当地民族所崇尚的宗教信仰，或是生活中的婚丧嫁娶以及喜庆丰收等节日活动间，也有着密切的关系，是这些节日庆典中不可缺少的一项内容。例如，我国西南许多民族的秋千和丢包、蒙古族的打布鲁、瑶族的跳鼓、哈萨克等民族的姑娘追、回族的木球、朝鲜族的跳板、苗族的划龙舟、傣族的跳竹竿、高山族的竿球、侗族的哆毽、赫哲族的叉草球、羌族的推杆等传统体育活动都是常见的节日活动。

对于某一个特定的民族来说，其体育文化在经历一段时间内相对独立形式的发展之后，与其他的民族相比较，体育文化的发展会产生较大的差异。前国际奥委会主席萨马兰奇，对奥林匹克运动与民族体育文化的关系是这样阐述的，"越是民族的，越是世界的"。体育文化的民族性包含了体育文化的人类性，其民族性和人类性是一个实体的两个方面；也就是说，一种体育文化同时具有民族性和人类性，所说的民族性是就体育文化的内容和形式与其他民族体育文化系统的差异性来说的；人类性是就它的内容和形式与其他民族体育文化系统的同一性来说的。在运动观念方面，体育文化存在着难以相互借鉴甚至理解的问题，但不同民族的体育文化总是在运动、组织形式等方面存在共同性或者易于相互吸收。事实上，世界上的许多民族性很强的体育文化也是跨民族的。

体育文化的人类性，指的是一种可以被世界各国人民所了解或接受的运动文化的普遍成分，这是由于人类拥有超越国家界限而产生的相同的需要和理想。中国的体育文化的内涵是指一种民族的体育文化，其价值和意义是其最具生命力的要素，最能代表其精神面貌。

（三）经验性与科学性

体育文化的经验性，指的是体育文化会依据人们的既有经验来进行传承和创新。应当明确的是，只有人才是体育文化的服务对象。体育文化产生的根本原因在于，想要满足自身身心发展的需求，从而创造出来的一种文化形式。体育文化产生的根本立足点，是人。社会性是体育文化发展的显著特征，体育文化的价值在于为人类社会的发展服务，人类会根据自身的经验与需求来塑造体育文化，这种行为往往具有局限性。原始人类由于身体教育的方式而促成了体育文化的产生，而人所具有的记忆功能也使体育文化的发展传承与经验息息相关。

体育文化的科学性指的是体育文化的发展与传承除了需要经验作用外，还需要科学的参与和指导。人的存在是客观的，其中也蕴含着客观规律性，认识和把握规律性并对体育文化进行科学的指导。体育运动在发展早期由于没有科学的认识与指导，因此发展的水平十分有限。而体育要得到实质性的飞跃或者大发展，必须要建立在认识和把握自然界的客观发展规律以及体育运动的客观规律基础之上，大量体育精密仪器对于体育运动水平的提高就是最好的证明。只有在体育文化中不断提高对客观规律的理解与认识，才能使体育文化更加富于科学性。

体育文化所具有的经验性和科学性之间是一种辩证统一的关系。在体育文化的发展过程中，体育文化的经验性在其中起到了至关重要的作用，但不可忽略的是，科学性同样对体育文化发展有着重要的推动价值。体育文化的经验性需要科学性进行证明，而体育文化的科学性也需要经验性的支持，两者相互作用并存在于体育文化的发展过程中。

（四）继承性与变异性

任何形式的文化都是人类创造的产物。由于人的意识具有历史积累性和文化传播性，在人们的意识领域和社会价值体系中，体育文化具有通过语言、文字、图像等媒介传承的特性。身体动作是体育文化的基本表现形式，因此，身体是体育文化主要的传承形式。但依附于体育文化之上的独有的语言和文字也具有强大的传承功能。这一点常常被人们所忽视。在当今社会中，人们经常以体育比赛的形式，来使体育文化得以传承，但与体育相关的谚语、歌曲、雕塑、电影、邮票等实物也是使得体育文化传承的不可忽视的主要形式。值得注意的是，由于动作记忆（包括自己的动作和观看他人的动作）相对于文字等更持久和深刻，因此，体育文化在文化的传承中具有独特的优势。

在历史进程中，体育文化的发展并不是一成不变的，它必须在发展过程中不断汲取外部世界和其他体育文化的先进和积极因素，来对自身进行调试。体育文化的交流与传播是其发展的主要动力之一。没有交流，没有传播的体育文化很难有变化，而没有变化的体育文化就像一潭死水，直至凋亡。体育文化的变异性指的是体育文化发展过程中内容、结构或者形式的改变。体育文化在自身的发展过程中通过不断地吸收与借鉴实现自我的调节，而没有交流与变化的体育文化就无法存在与发展。体育文化在发展过程中的变异并非全都是积极先进的，它充满曲折甚至挫折，但最终的发展方向是进步的。体育文化的变异过程纷繁而复杂，不仅会受到外部地域环境等因素的影响，同时也会受到自身内部因素的限制。

从中国体育文化的发展进程来看，体育文化经历了几次明显的变异，先秦崇尚"武勇"的体育文化到汉代变成了"废力尚德"的体育文化，汉代和唐代激烈的足球文化到宋代成为单球门的游戏。这些变异都体现了体育文化的属性。

一般来讲，体育文化的变异受到内部因素的制约，以及来自外部的影响，如南北朝时期的体育文化向着养生娱乐和崇尚武勇过渡，其中，养生娱乐主要是出于动荡年代人们得过且过心态的真实反映；崇尚武勇是北方少数民族的彪悍勇猛之风促成的。从以上分析来看，体育文化的变异是一个复杂的过程。

（五）阶级性与普遍性

1. 阶级性

体育文化的阶级性是从其民族性分离出来的属性，阶级及其国家的出现摧毁了人类的血缘关系，使一切民族的差别都让位于阶级的对立，这就使体育的阶级性超越了体育所具有的民族性特征。对于体育文化所具有的阶级性来说，实际上所涉及的是体育文化的支配问题；也就是说，体育文化的生产和分配，最终是由哪个阶级来支配和决定的。在人类漫长的历史发展长河中，文化先后经过了奴隶主、封建贵族和近代资产阶级的统治支配时期，体育文化也是这样。在世界体育史的发展历程中，有两个时期出现了统治阶级享有体育特权的情况，即奴隶社会和封建社会。民间体育会受到统治阶级的支配，在我国古代历史上，明朱元璋下令禁止民间进行下棋和踢球的活动；埃及法老规定百姓不准射杀狮子，而自己却可以为所欲为就是例证。再如，唐朝的君主喜欢马球，经常参与这项活动，但一般的百姓没有马球运动必需的条件，很少有打马球的。这也是阶级性的体现。到了资本主义社会，这种阶级性同样突出，英国资产阶级早期也曾颁布"狩猎法"，巩固自己的狩猎特权。他们的"业余原则"更是阶级优越感基础上的阶级地位的鲜明体现。

2. 普遍性

体育文化的普遍性指的是，对于不同阶级来说，其所产生的体育文化的形式和思想都具有一定的相对独立性。在原始社会时期，还没有产生阶级，体育文化的普遍性表现突出，任何人平等地享有体育权利，普遍地参与体育文化的生产和分配活动。体育文化是满足人们需求的一种活动方式，阶级社会产生之后，虽然统治阶级会利用自己的特权对体育文化进行支配，但是对于处于不同阶级、不同职业的广大人民群众来说，他们也拥有属于自己的体育活动方式。甚至在很多时候，不同阶级产生的体育活动还会具有很高的相似性，如我国周代的"射礼"，分为大射、宾射、燕射、乡射四大类。尽管不同的统治者对射箭有不同的器材和仪式，但在射箭的基本形式上是相同的，全社会普遍流行射箭，这就体现了当时社会体育文化的普遍性。

（六）社会性与群体性

1. 社会性

社会性又被称为群众性。体育文化是文化的一种表现形式，就文化而言，无论哪一种形式的文化，都不会脱离群众而单独存在，更不会脱离社会这个重要载体。如果没有广大的人民群众，就不会生产社会。而如果人离开了文化，人就不能算是真正意义上的人。社会也是这样，如果脱离了文化，文明社会就会褪化为愚昧社会。从这里我们就可以看出，人、社会、文化这三者之间是一种相互关联，相互作用，不可分割的复合体。

2. 群体性

创造和传播是体育文化群体性主要表现的两个方面，也就是说，无论何种形式的体育文化都是由个人或群体创造而产生的，在被群众接受并丰富发展之后，最终形成了体育文化。从传播角度来看，即使个人的体育文化也需要经过群体性的传播途径，这样才可以在社会生活中被人们所接受并熟知。在体育文化发展的过程中，体育文化传播所具有的群体性起到了重要的推动作用。体育文化在经过群体的推广之后，其传播性才会被流传下来。与其他物质形态相比较，体育文化无论是在传播速度还是在传播范围上，都具有很大的优势。

（七）地域性与世界性

体育文化的地域性指的是，在不同的地理环境或是区域的影响下，体育文化会产生相应的独特属性。对那些产生在不同地域的体育文化来说，其都独具特色，即便不同区域的体育文化会存在某些共性，但各自的特征必不可少。不同的地理区域环境的体育文化会存在不同的体育运动方式，即使对于世界性很强的资本主义体育文化来说，同样也会由于地域环境是不同，从而造成体育文化的特色性，使得体育文化显示出鲜明的地域性。

体育文化的世界性指的是，不管体育文化具有怎样的特色，也不管其怎样发展改变，其最终都属于世界文化的范畴。整个世界是一个紧密联系的有机整体，体育文化也包含其中，无论是原始社会区域体育文化的落后、平等，还是资本主义体育文化的成熟与商业化，都体现出体育文化的世界性。体育文化这种动作文化具有符号性，不同民族之间虽然会形成不同的民族文化，但是对于体育文化的符号性的选择却是一样的。

体育已经实现了全球化，具体来说，其主要在竞技体育方面得以体现。在现代社会中，竞技体育一直处于持续、快速的发展状态，究其原因，主要有两方面：一方面，随着现代竞技体育在世界范围内的传播，在一定程度上限制了各民族传统体育的发展；另一方面，各国普遍重视竞技体育的发展，致力于促进本国竞技水平的提高，因此使得竞技体育理论与实践获得了快速的发展。随着人类文明的不断发展，各国、各民族的文化融合成为一种必然的发展趋势。在这一过程中，各民族的文化在吸收他国文化的基础上保持自身文化的鲜明特点，从而使得世界文化多元共存。体育文化的发展也必然遵循这一发展趋势。跆拳道、柔道等运动项目逐渐走出各国国门，成为一项世界性竞技运动，各个国家的民族传统体育应该迈开步子，大步向前，而不是故步自封、原地不动。

体育文化的世界性与地域性之间也是辩证统一的关系，没有地域性的体育文化不能够在世界体育文化中存在，而没有世界性的体育文化也不可能融入世界体育文化之中。

三、体育文化的特征

体育文化是一种独特的社会文化现象，其具有一般文化的特点，又具有有别于其他文化形态的特征。具体而言，体育文化的特征表现在以下几方面。

（一）体育文化主体与客体是相统一的

人类的社会实践活动所形成的社会文化形式可分为制度文化、物质文化和精神文化。这三种文化分别对应自然、社会和人。作为文化的一种表现形式，人是体育文化的作用对象，人不仅拥有自然属性，还拥有社会属性，是一个综合体。从这个角度可以看出，体育文化所具有的最基本的特征就是人的活动主体与客体的同一性。

体育文化以人体的身体运动为基本形式，最终目的是促进人的发展。实现对人身心的改造是体育文化活动的内容，体现出鲜明的自我超越的色彩。如同硬币有正、反两面一样，体育文化活动主体与客体的同一也会有反面的作用，给人的身心发展产生消极影响从事体育事业，要以一种昂扬的姿态和超越自我的精神为使命，投身到体育事业中去。在将来，体育文化必定成为体现自我超越这一哲学范畴最独特、鲜明的文化类型。

体育文化作用的对象是人，由于人是自然性与社会性的综合体，因此作为体育文化具有主体与客体的同一性。体育文化的内容体现出一种自我超越的特征，它以身体运动的形式最终实现锻炼身心与完善自身的目的。然而，主体与客体之间还会出现消极的反作用，如人们为了在体育活动中超越自我而做出自虐的行为。但是，这种自我超越过程中的自我伤害有时候不可避免，我们只有在体育活动中以科学的观念为向导，尽可能减少这些情况的发生。

面对社会发展进步过程中产生的消极影响，人们更加提倡可持续发展的观点，集中表现为"以物为中心"到"以人为中心"理念的改变。参与体育活动或者体育事业的人们，应该在参与过程中形成自我本质对象化意识，只有这样，才能在体育中实现自我超越。

（二）体育文化注重身体的表现，具有直观性

我们知道，体育文化并不是一种语言文化的文化形式，是通过身体来进行表现和传承的。这同时也是体育文化与其他文化形式相区别的地方。对于不同的体育运动项目和不同的运动方式来说，人们在通过运动之后会通过人的身体产生不同的形态特征。

人类社会文化的表现与评价的方式多种多样，而作为人类社会文化之一的体育文化，其表现与评价的方式更加直观。体育文化作为一种身体的文化，其内容与组成要素的优劣显而易见，因此它的表现与评价具有更好的直观性。公平竞争是体育文化的重要前提，也是体育比赛公正、公开，建立科学合理的体育评价体系的保证，一切违反体育公平公正竞争的行为都是对体育文化的一种违背。

社会文化的表现与传承具有多样性，如诗歌用文字来表现，酒文化通过酒的实物来

传承。许多社会文化虽然被传承下来，但人们对于它的观念已经变得模糊不清。体育文化的表现与传承通过身体来实现，不同的运动项目由于运动方式的不同造成了不同的身体形态特点，如游牧民族由于长时间骑马很少步行而造成肩部的松弛。

在体育教学中多采用动作示范的方法，体现出身体是体育文化传承的主要方式。语言是文化传承的重要方式，在体育文化的传承中也包含语言的表现功能。例如，身体运动的动作类似于语言中的语音，身体运动的技巧与方式类似于语言的词汇，身体运动的动作衔接类似于语言的语法，只有三者有机地结合起来才能实现体育文化的传承。

正是由于体育文化的表现性，借助于日益发展的通信技术手段，以电视体育报道的形式来表现体育文化逐渐发展起来，这种形式让体育这种身体表现的文化淋漓尽致地得到了发挥，并得到人们的接受与欢迎。

（三）体育文化注重人的互动交往

随着人类社会的不断发展与进步，国际的体育对话与交流越来越频繁，作为身体语言的体育文化逐渐跨越民族、宗教、社会制度等方面的制约成为一种全球性的文化现象。这种情况之所以发生，与体育文化的亲和性有关。

以人体为媒介的文化形式更容易为广大人民所接受，人体文化分为不同的层次与类别，同时也表现出各自不同的文化特性。例如，同样以人体为媒介的体育与舞蹈，前者以体制的增强为目标，而后者以感情的抒发为追求。以人体作为文化的形式中，以情感抒发为目的的形式很多，而以促进生命体的健康发育为目的的形式却很少，从中也体现出体育文化的特殊价值。

体育文化的价值不容低估，虽然没有舞蹈蕴含的那样丰富的情感，但其具有激励、教育、感染等多重作用，并且其文化思想的深度与广度与其他形式的文化相比也毫不逊色。体育文化的亲和作用对于人实现其社会价值也有重要的意义，体育能够消除人本性中的消极因素，同时在体育竞技的友谊对抗中实现自我的社会价值，这是其他具有亲和性的文化形式所不具备的。体育文化的亲和性在社会生活中随处可见，如中国武术在印度尼西亚的流行，美国 NBA 文化在中国青少年人群中间风靡，这些都是体育文化亲和性的具体体现。

（四）体育文化注重人的发展和自我超越

人是体育文化的主体与客体，体育文化的根本意义在于实现自我的超越，超越可以说是体育文化的精髓。无论在群众体育还是竞技体育中，超越都是体育活动参与者必须要有的意识。

体育活动中无处不体现超越的意义：增加自身的运动技能是超越，提高自己的身体素质是超越，对于运动记录的挑战也是超越。超越的概念贯穿于体育活动以及文化的各个方面。体育文化中的超越不局限于身体素质、运动技能、运动记录的超越，从更深的层次上，它体现出对于人类智慧的超越。这种超越虽然脱离了人个体与身体的层面，但是仍然具有一定的社会意义。

体育文化的超越意义虽然在表现上很直观，同时它的内涵也很丰富。体育运动中的成败只是超越的一种外在表现形式，超越的深层意义更体现在人的精神层面。所以，在体育活动的实践中，人们不仅强调参与的重要性，同时也追求拼搏的体育精神，既注重活动的参与性，又重视竞争的目标性，从中也能够体现出对人生的积极态度。体育活动作为一种自我拼搏的形式，是人们实现自身人生价值与社会价值的强大动力。

（五）体育文化的表现形式是多样的

体育文化是一种文化的重要表现形式，它也是人类所创造出来的，其表达形式也取决于人们的参与成都和规模，人们的评价方法和标准决定着体育文化的性质和方向。体育文化具有明显的表现性和评价直观性，因此这就决定了体育的参与方式和实现方式也具有明显的多样性。

这种参与方式的多样性，主要表现在以下两方面。

（1）既可以作为一名竞技体育运动员，投身到体育运动中；也可以选择合适的健身锻炼方式，参与到体育活动中；还可以作为体育比赛的观众，欣赏精彩的体育比赛等，这些参与方式因人而异，随着条件的变化而变化，具有很大的灵活性。总之，参与实现体育文化的方式和途径是多样的。

（2）记者、编辑、主持人、解说员等可以在采访、调查、写作体育文章、制作体育节目的过程中实现体育价值；体育科研人员可以通过探索体育规律来实现体育价值；体育教师和教练员可以在体育教学的过程中实现体育价值等，参与体育，实现体育价值的方式有很多。体育以其独特的方式，拓展了参与范围，加深了参与程度，丰富了实现手段，增大了实现力度，大大提高和发展了体育文化的生命力，将体育文化融入整个人类文明的历程中，从而促进人类文明的演进。

总之，体育文化的特征之间是相互联系相互影响的，不能片面地去认识这些特征。

同时，体育文化的特征是对体育文化普遍性的总结与认识，这些特征不可能在所有的体育运动中体现。

（六）现代体育文化注重竞技性和竞争性

体育文化是一种身体动作的文化，表现方式为身体与技艺的竞争与对峙，体育运动多基于相互竞争而开展。

虽然当前的体育运动向着多样化的方向不断发展，并有多种现代技术融入其中，但竞争性仍然是体育运动的显著标志，甚至可以将竞争性当作体育运动的灵魂。直接身体动作的体育竞争包括摔跤、拳击等项目，它们很少借助于器械对抗而直接通过肢体与器官的对抗；同场竞技的体育项目包括足球、篮球等项目；侧重技巧与肢体动作的运动项目包括田径、游泳等。这些体育项目的对抗虽然侧重点各不相同，但是都体现出鲜明的竞技特征。

体育运动的竞技在形式上虽然只表现出与对手的竞争，实际上它包含三个不同方面的层次，即超越自己、超越对手与超越纪录。而不同层次超越的根本还是一种竞争，在与自我的竞争中实现自我的超越，在于对手的竞争中获得比赛的胜利，在与纪录的竞争中创造更新的纪录。在群众体育的活动中也存在三个层次的竞争：与自我素质水平、运动技艺的竞争，与他人素质水平、运动技艺的竞争，与人类素质水平、运动技艺纪录的竞争。

体育运动由于多表现出身体形式的直接对抗，从而使体育竞技表现出更多的竞争性与动感性。一场激烈的足球比赛能够让人热血沸腾，而物理、化学等形式的脑力竞争却不能够激发起人们的冲动，这充分体现出竞争性与动感性是体育文化的鲜明特征。

（七）体育文化通过身体运动对人的意识产生影响

人类在自身的生产实践活动中，都包含有对自我的认识与感知。由于身体活动是体育的主要表现形式，因此体育从产生到最终形成一种文化，其将精神与文化始终结合在一起。在此基础上，体育文化的创造空间拥有了延展性。文化是人类所创造，在人类文化的整个进程中，人既是文化的目标也是文化的一种手段，不仅是媒介，同时也交织在人类的各种文化形式中。体育文化的特殊性表现在它以人类的客观需要为目标，通过对人类的塑造与改进，进而影响整个人类的社会生活，同时对人类的物质世界与精神世界产生影响。可以说，体育文化对于人类的影响不亚于其他任何一种文化。

体育在表面上看是一种体力的运动，其实也是一种智力的运动。体育文化从低起点到目标的远大，从人的一种简单运动到一种特有的文化类型，无论是单个的人还是发展的社会以至整个客观世界，体育文化的力量都贯穿其中，体育文化几乎存在于整个人类社会的发展过程中。

（八）体育文化受到社会、文化各方面的深刻影响

体育文化虽然有直观性、亲和性等特征，但是在社会发展的过程中，体育文化往往被经济和文化所把控。由于体育文化具有多重的独特性，同时又是一种不能直接产生物质利益的行为方式，导致体育文化经常被政治、经济、宗教等文化纳入自身的体系之中，并在一定程度上对体育文化的功能与价值起到了扩展作用。

在一定的历史阶段与社会背景下，体育文化的从属性对于体育文化自身以及社会的进步发展都是有利的。例如，中国通过"乒乓外交"缓和了与美国的外交关系，这是体育文化从属性对社会积极作用的直接体现；而奥林匹克运动会的商业化倾向、裁判受贿等实例都表明体育文化对于社会文化所起的消极作用。我们要对体育文化从属性的积极作用与消极作用分别对待。

对于体育文化从属性的客观评价与认识，不仅有利于更好地发挥体育文化的积极作用，同时还能够通过体育文化的从属性实现各种社会功能。

四、体育文化的功能

体育文化对于人们日常生活和体育生活，以及人类的发展所起的作用是体育文化功能的主要体现。体育文化功能是对体育文化本质的一种展现，主要表现为以下几方面。

（一）教育功能

教育功能是体育文化中最基本的社会功能，它对人类社会产生的影响，是其他体育文化功能所不能媲美的。体育文化的教育功能在促进人的全面发展方面起着非常重要的作用，它是现代教育的重要手段之一，是现代教育中不可缺少的重要组成部分。现代体育教育不仅在促进人的生长发育，增强人的体质，掌握运动技能方面起着重要作用，而且对于培养人们从事终身体育的兴趣和习惯、优秀的道德品质、团结协作与良好的竞争意识，提高人们的综合素质，以及适应现代社会生活同样具有非常重要的作用。

一般来说，各种形式的体育文化都具有一定的教育功能与价值。随着社会的发展和时代不断进步，体育文化的教育功能越来越重要。例如，在人的成长过程中，体育教育直

接有效地培育人的体质，潜移默化地培养着人的性格，从最初的坐、爬、站立，到后来的走、跑、跳、投、攀登、爬越；从人体肢体活动的技能、技巧，到参与体育竞赛等，无不与体育文化的教育和教养息息相关，都能够反映出体育文化具有重要的教育功能。

（二）传播功能

体育文化的一种重要发展形势是交流与传播，传承与扩展是体育文化传播的两条途径。体育文化是社会文化的一种特殊表现形式，不仅蕴含着丰富的文化内涵，其文化特征还具体表现在鲜明的象征性、浓郁的艺术性及丰富的内涵上。

体育文化的传承主要表现为时间上的连续传播。在人类社会早期没有文字的情况下，身体动作是人类记录与传承社会文明的主要形式，并且也包含诸多的原始体育文化元素。随着人类社会的不断发展，再加上文字的产生，体育文化的传承依然重要，古代社会中很多重大的集会，包括西方的竞技运动会等，都会通过这种方式来传承下来。

体育文化的扩展，即体育文化横向传播过程，它是指文化在空间伸展的蔓延性。体育文化的扩展性表现为：体育文化可以在不同的社会群体和个体之间、群体和群体之间、个体和个体之间相互传递，也可以在国家和国家之间、民族和民族之间、地区和地区之间以及国家、民族、地区三者之间互相传递。这都是体育文化不断进行扩展的表现形式。体育文化的传播不仅是对体育物质、精神、制度文化进行传说，同时在传播的过程中还会不断与政治、经济等其他方面的文化进行融合和互动，从这一层面上说，体育文化的扩展具有重要的文化交流和传播意义。

（三）凝聚功能

体育文化所具有的凝聚功能主要体现在体育的精神文化上面。体育文化建设的目标就是要形成一种内求团结、活跃的氛围，外求发展、提高社会精神风貌。体育文化可以将身处不同地域，具有不同信仰、不同价值观念、不同习俗的人们凝聚在一起，进行相互沟通和交流，来谋求更好地发展。以上这些都是体育文化凝聚功能的体现。例如，奥林匹克运动会，可以将不同国家、不同种族、不同文化修养、不同信仰的人们凝聚在一起，构成世界人民大团结的景象。体育文化的凝聚功能通过体育精神文化来体现，可以使这种凝聚作用更加深入、稳定。另外，体育文化的凝聚功能具有多层次性，相同的体育文化习惯、相同的体育运动项目的选择，会引起不同程度和范围的聚合。例如，喜欢打网球的人们，往往会通过网球这项运动走到一起等。

（四）吸收与创新功能

体育的传承和延续，是为了促使体育文化得到不断的发展和进步；反过来说，要想使体育文化得到更好的传承和延续，就需要促使体育文化得到不断的发展和进步。只有通过对其他的先进文化进行研究和借鉴，取其精华，去其糟粕，才能使体育文化得到更好地发展，使体育文化的内涵更加丰富。在对其他国家的优秀体育文化进行吸收和融合之后，实现对本国体育文化的丰富和繁荣。对于现代体育来说，最大的功能就是其具有的创新功能，具体来说，主要体现在两方面。一方面是不断更新和创造体育文化，能够培养出一大批具有创新活力的人才；另一方面是实现了现代教育与文化创造的紧密结合，这是促进现代文化变革与发展的重要方式。

（五）调节与引导功能

人们的社会生活不仅需要通过道德、价值观等手段进行调节与控制，同时还需要国家法律、政策等手段的干预。在社会生活中，通过这些方法所达到的调控作用都是一定的，很多领域不能完全被覆盖到，因此，还需要通过精神和行为文化对人们的社会生活进行调节。

在现代社会的文化体系中，体育文化是其中的一项主流文化，在人们的社会生活和行为活动方式中，起着重要的调节和引导功能。在共同的体育理想和价值观下，体育文化可以使不同价值观、道德观、甚至不同意识形态的人，实现社会矛盾的缓和和协调。通过体育文化的调节、控制和导向功能，来抑制人们不好的行为。例如，据相关调查表明，在奥运会期间，各国刑事案件的发生率都有所降低。

第二章

我国乡村少数民族传统体育的诠释

第一节　我国乡村少数民族传统体育的起源与发展

我们是一个多民族的国度，除了汉族之外，20 个省、自治区和直辖市共有 55 个少数民族约 1 亿多人口。数千年来，我国各民族在漫长的社会发展过程中，创造出了无数内容丰富多彩、形式多样的体育、健身活动。少数民族的体育运动是由各个民族的生产和社会活动形成的，它们有着很强的民族性格和文化底蕴。随着各个民族的不断发展，在经历了时代的风雨洗礼后，传统体育早已深入到各个民族的日常生活当中，可以说是一个民族发展的历史缩影。对我国乡村少数民族传统体育项目的起源和发展状况进行研究，对于认识其起源、兴盛和衰落的历史原因和规律，对于挖掘、整理、复兴我国乡村少数民族传统体育项目，大力开发当地民族传统体育旅游资源具有重要的现实意义和社会经济价值。

一、乡村少数民族传统体育的起源

（一）生存与生产劳动的需要

这是我国乡村少数民族传统体育活动产生的初级阶段。乡村少数民族传统体育并非是自发产生的，而是由各民族在生产劳动中逐步产生并发展的。可以说，是劳动最终创造了人类，并且也创造了体育。

我国大多数的少数民族都居住在偏远山区、高原、海岛或雪地大平原上，生存条件十分艰苦。要想在这里存活和繁殖，不但要克服严酷的自然环境，更要克服周围的敌对民族，所以，居住在这些地区的少数民族，既要有强壮的身体，又要能与大自然、与敌人抗衡。因此，射箭、射弩、角力等运动也逐渐发展起来。在各少数民族中，由于地域、运输等因素的制约，使得马匹作为一种重要的生产方式和运输方式，在各民族之间使用地得较为普遍。在山地狩猎、运输、放牧、迁徙等活动中，都离不开马的支持和配合，所以赛跑和骑术成为人们的日常体育运动方式。另外，叼羊和驯鹰也是草原上一种较为普遍的运动，是随着人们的打猎需求而逐渐发展起来的。这种以求生存、劳力需求而发展起来的竞技体育，在长期的发展与演化中逐渐地与生产分离，再经过一定的规范化改造之后，就形成了一种在日常生活之外的特别的体育运动项目。

（二）劳动之余休闲娱乐的需要

随着经济和社会的发展，人们的生存条件和生活水平不断提高，人们在工作之外的自由活动时间也日益增多。加之那时人们的物质生活提条件极其贫乏，因此对劳动所衍生出的某些体育运动项目进行了重新设计与改造，由原来仅为谋生和劳作而发展成为一种具有竞技与健身性质的体育运动。对于当时乡村少数民族的人们来说，参加体育运动不仅能增强体质、抵御外敌，而且还能在竞技竞赛中获得放松和消遣，是一种重要的休闲娱乐方式。

此外，人类利用自己的想象力，发明了许多纯粹的休闲娱乐体育运动方式，这些体育运动项目不是从劳动中产生的，脱离了生产劳动的基础。比如，广西龙胜瑶族、苗族的"打泥脚"，就是人们在田间劳作之后，互相用黄色的泥球击打对手的双足，是一种为了暂时休息而进行的一项运动。由于其地理位置和自然经济的限制，当地村民主要是靠自给自足的方式来生活，这使得他们与外部世界的联系变得越来越少，日常生活也变得枯燥单调，很多体育活动就成了他们调剂生活的一种重要方式。例如，壮族的打陀螺、芭芒燕、打铜钱、倒立竞走、跳桌、跳橡皮筋、咬水桶，瑶族的掷石头、跳铜铃、打猴鼓，侗族的弹毽、蛇舞，苗族的鸡毛球、跳脚会等。通过参加体育运动，可以增强体质、娱乐、结交朋友、充实劳作之外的人生，深受乡村少数民族群众的欢迎。在长期的发展和演变中，这些体育运动逐渐产生了具有一定约束力的规则。人们在参与传统体育竞赛的过程中，必须要遵循这些规则，最终决出胜负，由此产生了一种既有竞技性又有娱乐性的传统体育运动方式，并逐渐固定下来。

（三）原始宗教祭祀活动的需要

由于对大自然的不了解和畏惧，使得早期的人们将宗教视为一种重要的精神寄托，于是一系列与宗教信仰相关的活动便产生了。如，傈僳族的"上刀杆"是一种古老的运动，勇士们光着脚爬上了锐刃的梯子，展示了他们的勇敢和无畏，他们用自己的身体来祈祷上帝的庇护；而对于哈尼族的重要节日"昂玛突"节来说，有一项专门的活动方式 —— 芒鼓刀，在节日中人们会进行杀猪祭树神、敲芒鼓娱天神等表演。

（四）表达爱情的需要

乡村少数民族所处的环境条件比较封闭、条件较差，因此很多少数民族都会举行一些年轻的群体约会和恋爱的活动。通常，在这个节庆期间，年轻人会聚在一块儿，进行一系列的体育运动，让年轻人展现自己强壮的身体，出色的运动技巧，以及出色的运动技能，以此来赢得爱人的芳心。年轻的姑娘也会在这种运动中找到自己喜欢的男子。那些在运动项目中取得胜利的男子，往往会得到大部分女性的喜爱，并且很轻易地赢得她们的芳心。所以，大部分的男子都会在这种运动中，以击败竞争对手，获得爱，从而积极参与到运动中去。比如，"姑娘追"的维吾尔和哈萨克族、壮族的"抛绣球"，苗族的"跳月""芦笙踩堂"，瑶族的"踏歌"，广西苗、瑶、侗族等少数民族的"射弩"，都是表达爱情的需求而产生的体育运动。比如，"射弩"，男子若是看上了对面山上的姑娘，就会放一支箭，试一试对方的意图。如果姑娘对男子有意，就会将男子的箭留下来，然后再另外射出一支箭作为回复，双方收到的箭就会被当作定情信物留下来。在侗族，"打手毽"同样是一种男女社交性的体育运动，被誉为"飞花传情"，也是苗族、基诺、布依、壮族等年轻人最喜欢的一种交流形式。同样的道理，苗族人也有"爬坡竿"。

（五）重大节日活动的需要

少数民族的各类节庆与竞技体育运动有着紧密的联系。丰收时节，为了庆祝丰收，感谢上天的馈赠，大家常常身着节日服装，聚会唱歌跳舞，并举办各类体育运动竞赛。例如，蒙古族每年举行那达慕和马奶节，举行赛马、摔跤、射箭等活动。此外，在广西，湖南和贵州相邻的侗族地区的花炮节，也叫"抢花炮"，就是由特别挑选的运动员来参与的。在抢了花炮之后，还会举行芦笙比赛、打球、斗鸟等体育运动项目。

二、乡村少数民族传统体育的历史变迁

从乡村少数民族的各类体育运动产生开始，伴随着生活环境和生活条件的改变，乡村少数民族的各项体育运动也在悄然地发生着变化。一些传统的运动已经经历了从产生、发展到没落。适者生存，在漫长的人类发展历程中，乡村少数民族传统体育运动同样无法

摆脱这个规律的束缚。乡村少数民族传统体育要保持长久的生命力，就必须要不断地顺应人类的发展状况。

（一）生存状况与生活条件的影响

由于生产力和生产关系的不断发展，乡村少数民族的生存状况和生活水平不断提高，许多与人类的生存与生产活动密切相关的传统体育运动逐渐丧失其存在的历史环境，因而逐渐淡出了人们的视野，乃至消亡。过去，蒙古族的赛马、射击、角力等运动都是人们喜爱的传统体育运动项目，然而，由于蒙古族的自然条件的改善，以及不再受到战争的威胁，人们的生活逐渐变得安逸，使得参加这些体育运动项目的人越来越少。

此外，随着人民生活水平的提高，人们在工作之余的时间可以进行更多的娱乐消遣，使得某些传统的体育运动项目逐渐淡出了我们的生活。比如，新疆和硕县的那音克乡就是蒙古族的居住地，相传成吉思汗远征欧亚的时候，卫拉特的蒙古骆驼部队就驻扎在那里。在过去的岁月里，蒙古驼兵团的后代们没有忘记祖先的传统，仍然保持着饲养骆驼和驯骆驼的传统，并且，他们中的每一个都是优秀的骆驼运动员。然而，由于牧民的定居点建设，以及使用车辆等现代化交通运输方式，骆驼逐渐成为一种特殊的运输方式，骆驼的数量也逐渐减少。因此，这种运动也就逐渐变少了。远古时代，以自然为依托的草原部落，放鹰狩猎是一种重要的生存方式，形成了驯鹰、赛鹰等体育运动项目，但随着时代的发展，人民的生活逐渐稳定，尤其在环保意识增强的今天，新疆的居民中，懂得驯鹰的人也就很少了。

（二）民族文化发展、交往与融和的影响

随着环境条件的不断提高，居住在闭塞地区的少数民族人们的生存空间不断拓宽，同其他民族的交流也日益频繁。在这样的交流中，各个民族的文化不断碰撞融合，以前的地域差别逐渐缩小。乡村少数民族传统体育是一种极具特色的文化形式，它与其他民族的体育活动有着密切的联系。在这种发展趋势下，许多不为多数民族所认同的运动项目逐步被人们所淘汰，而许多少数民族所喜爱的传统体育运动则被保存了下来。

三、乡村少数民族传统体育的现实发展

时代在前进，社会在发展。从乡村少数民族传统体育运动诞生以来，一直处于一种微妙的变革之中。通过对乡村少数民族传统体育的发展规律的合理剖析和认识，我们就可

以从根本上把握乡村少数民族传统体育的发生发展规律，从而正确地看待和正视其发展过程，并最终寻找出一条适合于当代发展的乡村少数民族传统体育的振兴和发展道路。

（一）理性分析与认识

新中国成立前，我国乡村少数民族传统体育基本上处于自生自灭的状态，其发展充分反映了物竞天择的规律。由于乡村少数民族居民的生存状况和居住条件得到了提高，一些传统的体育项目也随之丧失了其存在的历史基础，并逐步淡出了人们的视野。这是大势所趋。

新中国成立后，乡村少数民族传统体育的发展得到了广泛的关注。通过整理和挖掘乡村少数民族传统体育，使乡村少数民族传统体育从狭隘的地理环境中走了出来，从区域发展到全国，大大增强了乡村少数民族的自尊心和自信心。一些传统的体育运动项目也在逐步被各民族所接纳和推广。此外，国家还设立了一些以乡村少数民族为主的民族体育活动项目，并在全国各地建立了民族运动会。民运会的创立和举办，是我国少数民族传统体育事业发展的一个重要里程碑。

（二）客观理解与面对

乡村少数民族传统体育赛事的承办，对于振兴和繁荣民族传统体育具有重大的历史意义，同时也要面对当今世界政治、文化、经济的迅速发展对民族传统体育的影响。由于各少数民族和汉族之间的交流日益频繁，各民族的文化日益交融，因此，乡村少数民族的传统体育活动也必然要顺应这种发展的实际情况。某些与时代发展不符的传统体育运动将丧失其存在的社会和历史环境，从而被各民族抛弃，这是时代发展中一种不可避免的现象。在我国乡村少数民族传统体育中，我们没有必要为了重建民族传统的体育活动而人为地重新营造出一个自然环境，而是要从实际的发展状况出发，寻找振兴和发展民族体育的途径。

1. 以民运会为契机，搭理普及传统体育项目

民运会是我国乡村少数民族传统体育运动的一个重要的展示途径。但真正能入选民运会的，则是部分少数民族仍然在进行的运动项目。这种传统体育运动项目又可以分成两大类别，一种是竞技型，另一种是表演型。每次民运会，表演的比赛项目比竞技的体育项目要多得多。出现这种情况的原因是，各少数民族之间缺乏共同之处，实力高低不一，难以平等地进行比赛。民运会运动要以全民健身、公平竞赛为基本原则，在各民族之间推广

运动项目，制定与其相匹配的竞赛规程，将表现性的体育项目逐渐淘汰掉，同时增加具有竞技属性的传统体育项目。

2. 以全民健身为契机，开展特色体育健身项目

"全民健身"的号召与贯彻，为振兴乡村少数民族传统体育项目提供了新的机会。乡村少数民族传统体育运动在休闲、观赏性、娱乐性、趣味性等方面具有优势，易于学习，便于普及和推广，是一种具有民族特色的运动和健身体育运动项目。近几年，乡村少数民族的一些传统体育项目已经发展成了一种大众运动，不仅在自己的民族中盛行，而且还被其他民族所接受，并逐渐走进了城镇地区。在全国范围内，国家体育部门已组织开展了一系列的民族传统体育运动活动。朝鲜族的"道拉吉"舞，土家族的摆手舞，彝族"跳生"等民俗舞，在很多地区都有广泛的推广。重庆市石柱土家族苗族自治州的民族体育项目，如摆手舞、板凳龙、竹龄球、武术等，每年都有 10 万人次参与。在部分都市休闲场所，弓箭已经成为人们的一种健身和休闲的体育活动。踢足球不仅在北京得到了大力提倡，而且在上海也被列入了一种健身体育项目，并且逐渐在全社会进行推广。在云南景谷傣族彝族自治州，全县几十块场地中建立了 216 个陀螺场地，每天都有大量的人在玩。从上述中我们可以看出，乡村少数民族传统体育项目已逐步发展为大众所熟知的运动，是我国民族传统体育发展道路的一个重要组成部分。

3. 以体育旅游为契机，开发特色体育旅游项目

在国内的旅游热潮日益高涨的今天，特色旅游也越来越受到广大游客的追捧。在乡村少数民族集中的地方，要充分利用地方文化的优势，充分发挥民族传统体育的趣味性和观赏性，让广大群众在欣赏地方特色的基础上，欣赏到民族特色和文化特色。同时，还可以发展多种运动，让广大的旅游者亲身体验、体会到民族传统体育的魅力。通过对乡村少数民族传统体育的合理发展，可以为民族传统体育活动增添光彩，增加旅游资源，促进地方民族传统体育的发展。

乡村少数民族传统体育的产生具有特殊的历史渊源，它折射出乡村少数民族的社会发展和演变。我们要合理地分析和理解乡村少数民族体育的产生和发展规律，并以正确的方式看待它的发展。乡村少数民族传统体育必须要适应快速发展的现代化趋势，方能走上可持续的发展道路。

第二节　我国乡村少数民族传统体育的内容与分类

我国乡村少数民族传统体育有着丰富的内容，多种多样的形式，其包含的体育项目都有着各自不同的作用和价值。具体来说，乡村少数民族传统体育可以分为养生保健类、健身类和搏击运动等。

一、健身类运动

（一）太极拳

1. 太极拳在现代社会中的健身价值

（1）循环系统方面的健身价值。太极拳的运动特点主要表现为动作柔和、缓慢、均匀，力达躯干、四肢和肌肉皮肤，因此，能够使周身血管舒张，静脉血和淋巴液回流加速，进而能够达到有效减轻心脏负担的效果。另外，心脏本身血管反射性扩张，血流量充足，这能够积极促进心脏营养过程的改善和心血管系统机能的提高。

（2）神经系统方面的健身价值。在进行太极拳锻炼时，要求思想集中、排除杂念，将松静自然贯穿于意念、呼吸、形体动作之中。这种"心静、体松、意专"的锻炼方式，对于有效排除头脑中其他思绪的干扰，使大脑皮层神经中枢保持兴奋状态，加快人体疲劳的消除都有积极的促进作用。除此之外，太极拳锻炼时，还要求呼吸细、慢、深、长，这样能够有效调节植物性神经系统的功能。

（3）消化系统方面的健身价值。通过太极拳的练习，能够有效改善神经系统和呼吸系统功能，再加上太极拳扭曲揉摆的动作特点，就能够起到良好的按摩消化道的作用，这能够在一定程度上促进胃液的分泌和肝内血液循环，胃肠蠕动、消化和吸收能力的提高，肾上腺素的分泌功能的增强，以及体内物质（尤其是胆固醇）代谢的改善。由此可以看出，太极拳能够使血液内胆固醇含量有效降低，动脉硬化的防治效果较为显著。

（4）呼吸系统方面的健身价值。练习太极拳时，要求运用细、匀、深、长与动作自然配合的腹式呼吸。究其原因，主要是由于这种呼吸方式有利于保持肺泡的弹性，对于发展呼吸肌、改进胸廓活动度、增大肺活量、提高肺通气量和氧结合率都有一定的帮助。

（5）运动系统方面的健身价值。太极拳运动的动作多为弧形或螺旋形，这对于肌内纤维、韧带和关节在反复连贯的旋转活动中伸缩起到积极的促进作用，从而能够有效提高肌力，防止肌肉萎缩，有效提高关节韧带的灵活性和柔韧性，防止关节发炎、扭伤或脱位。

2. 太极拳健身套路练习

太极拳的健身套路有很多，这里主要以二十四式太极拳为例，来体现太极拳显著的健身价值。

（1）起势（见图 2-1）

两脚并拢，身体自然直立，头颈正直；两臂自然下垂，两手指尖轻贴大腿侧；眼向前平视。左脚向左慢慢开步，与肩同宽，脚尖向前。两臂慢慢向前平举，两手高与肩平，与肩同宽，手心向下。上体保持正直，两腿屈膝下蹲；同时两掌轻轻下按至腹前，两肘下垂与膝相对；眼平视前方。

①　②　③　④

图 2-1

（2）左右野马分鬃（见图 2-2）

①上体微向右转，身体重心移至右腿上；同时右臂收在胸前平屈，手心向下，左手经体前向右下划弧放在右手下，手心向上，两手心相对成抱球状；左脚随即收到右脚内侧，脚尖点地；眼视右手。

②上体微向左转，左脚向左前方迈出，同时左右手随转体慢慢分别向左上、右下错开；眼视左手。

③上体继续左转，右脚跟后蹬，右腿自然伸直成左弓步；左右手随转体继续向左上、右下分开，左手高与眼平，手心斜向上，肘微屈；右手落在右胯旁，肘也微屈，手心向下，指尖向前；眼视左手。

④上体慢慢后坐，身体重心移至右腿，左脚尖翘起，微向外撇（45°～60°），同时两手准备抱球。

⑤左脚掌慢慢踏实，左腿慢慢前弓，身体左转，身体重心再移至左腿；同时左手翻转向下，左臂收在胸前平屈，右手向左上画弧放在左手下，两手心相对成抱球状；右脚随即收到左脚内侧，脚尖点地；眼视左手。

⑥上体微右转，右腿向右前方迈出，同时左右手随转体慢慢分别向左下、右上错开；眼视右手。

⑦左腿自然伸直成右弓步；同时上体继续右转，左右手继续随转体分别慢慢向左下、右上分开，右手高与眼平，手心斜向上，肘微屈；左手落在左胯旁，肘也微屈，手心向下，指尖向前；眼视右手。

⑧与④解同，唯左右相反。

⑨与⑤解同，唯左右相反。

⑩与⑥解同，唯左右相反。

⑪与⑦解同，唯左右相反。

图 2-2

（3）白鹤亮翅（见图2-3）

上体微向左转，左手翻掌向下，左臂平屈胸前，右手向左上画弧，手心转向上，与左手相对成抱球状；眼视左手。右脚跟进半步，上体后坐，身体重心移至右腿；上体先向右转，面向右前方，眼视右手；然后左脚稍向前移，脚尖点地，成左虚步；同时上体再微向左转，面向前方，两手随转体慢慢向左下、右上分开，右手上提停于右额前，手心向左后方，左手落于左胯前，手心向下，指尖向前；眼平视前方。

图 2-3

（4）左右搂膝拗步（见图2-4）

①右手从体前下落，由下向后上方画弧举至右肩外侧，肘微屈，手与耳同高，手心斜向上；左手由左下向上、向右下方画弧至右胸前，手心斜向下；同时上体先微向左再向右转；左脚收至右脚内侧，脚尖点地；眼视右手。

②上体左转，左脚向前（偏左）迈出成左弓步；同时右手屈回由耳侧向前推出，高与鼻尖平，左手向下由左膝前搂过落于左胯旁，指尖向前；眼视右手。

③右腿慢慢屈膝，上体后坐，重心移至右腿，左脚尖跷起微向外撇，随后脚慢慢踏实，左腿前弓，身体左转，重心移至左腿，右脚收到左脚内侧，脚尖点地；同时左手向外翻掌由左后向上画弧至左肩外侧，肘微屈，手与耳同高，手心斜向上；右手随转体向上向左下画弧落于左胸前，手心斜向下；眼视左手。

④与②解同，唯左右相反。

⑤与③解同，唯左右相反。

⑥与②解同。

图 2-4

（5）手挥琵琶（见图2-5）

右脚跟进半步，上体后坐，重心移至右腿上，上体半面向右转。左脚略提起稍向前移，变成左虚步，脚跟着地，脚尖跷起，膝部微屈；同时左手由左下向上挑举，高与鼻尖平，掌心向右，臂微屈；右手收回放在左臂肘部里侧，掌心向左；两手成侧立掌合于体前；眼视左手食指。

图 2-5

（6）左右倒卷肱（见图2-6）

①上体右转，右手翻掌（手心向上）经腹前由下向后上方画弧平举，臂微屈，左手随即翻掌向上；眼的视线随着向右转体先右视，再转向前方视左手。

②右臂屈肘折向前，右手由耳侧向前推出，手心向前，左臂屈肘后撤，手心向上，撤至左肋外侧；同时左腿轻轻提起向后（偏左）退一步，脚掌先着地，然后全脚慢慢踏实，身体重心移到左腿上，成右虚步，右脚随转体以脚掌为轴扭正；眼视右手。

③上体微向左转。同时左手随转体向后上方画弧平举，手心向上，右手随即翻掌，掌心向上；眼随转体先左视，再转向前方视右手。

④与②解同，唯左右相反。

⑤与③解同，唯左右相反。

⑥与②解同。

⑦与③解同。

⑧与②解同，唯左右相反。

图 2-6

（7）左揽雀尾（见图 2-7）

上体微向右转，同时右手随转体向后上方画弧平举，手心向上，左手放松，手心向下；眼视左手。身体继续向右转，左手自然下落，逐渐翻掌经腹前画弧至右肋前，手心向上；右臂屈肘，手心转向下，收至右胸前，两手相对成抱球状；同时身体重心落在右腿上，右脚收至右脚内侧，脚尖点地；眼视右手。上体微向左转，左脚向左前方迈出，上体继续向左转，右腿自然蹬直，左腿屈膝成左弓步，同时左臂向左前方拥出（即左臂平屈成弓形，用前臂外侧和手背向前方推出），高与肩平，手心向后；右手向右下落，放于右胯旁，手心向下，指尖向前；眼视左前臂。身体微向左转，左手随即前伸翻掌向下，右手翻掌向上，经腹前向上、向前伸至左前臂下方；然后两手下捋，即上体向右转，两手经腹前向右后上方划弧，直至右手心向上，高与肩平，左臂平屈胸前，手心向后；同时身体重心移至右腿；眼视右手。体微向左转，右臂屈肘折回，右手附于左手腕里侧（相距约 5 厘米），上体继续向左转，双手同时向前慢慢挤出，左手心向后，右手心向前，左前臂要保持半圆；同时身体重心逐渐前移变成左弓步；眼视左手腕部。左手翻掌，手心向下，右手经左腕上方向前、向右伸出，高与左手齐，手心向下，两手左右分开，宽与肩同；然后右腿屈膝，上体慢慢后坐，身体重心移至右腿上，左脚尖翘起；同时两手屈肘回收至腹前，手心均向前下方；眼向前平视。上式不停，身体重心慢慢前移，同时两手向前、向上按出，掌心向前；左腿前弓成左弓步；眼平视前方。

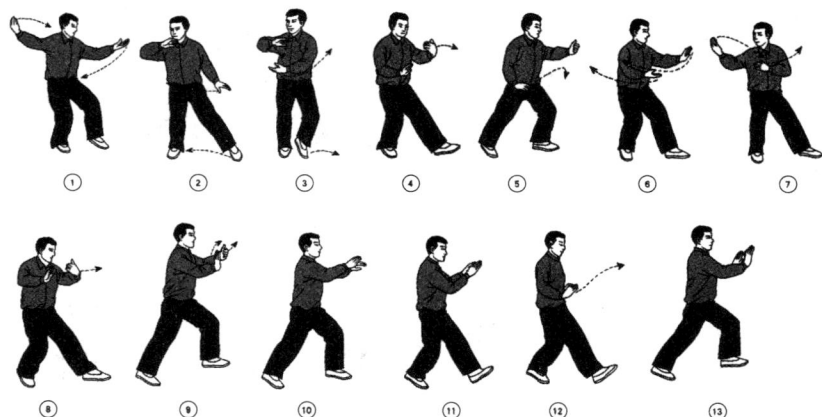

图 2-7

（8）右揽雀尾（见图 2-8）

①上体后坐并向右转，身体重心移至右腿，左脚尖里扣；右手向右平行画弧至右侧然后由右下经腹前向左上画弧至左肋前，手心向上；左臂平屈胸前，左手掌向下与右手成抱球状；同时身体重心再移到左腿上，右脚收到左脚内侧，脚尖点地；眼视左手。

②同"左揽雀尾"③解，唯左右相反。

③同"左揽雀尾"④解，唯左右相反。

④同"左揽雀尾"⑤解，唯左右相反。

⑤同"左揽雀尾"⑥解，唯左右相反。

⑥同"左揽雀尾"⑦解，唯左右相反。

图 2-8

（9）单鞭（见图 2-9）

上体后坐，重心逐渐移至左腿，右脚尖里扣；同时上体左转，两手（左高右低）向左弧形运转，直至右臂平举，伸于身体左侧，手心向左，右手经腹前运至肋前，手心向后上方；眼视左手。重心再渐渐移至右腿上，上体右转，左脚向右脚靠拢，脚尖点地；同时右手向右上方画弧（手心由里转向外），至右侧方时变勾手，臂与肩平；左手向下经腹前向右上画弧停于右肩前，手心向里；眼视左手。上体微向左转，左脚向左前侧方迈出，右脚跟后蹬，成左弓步；在身体重心移向左腿的同时，左掌随上体的左转慢慢翻转向前推出，手心向前，手指与眼齐平，臂微屈；眼视左手。

图 2-9

（10）云手（见图 2-10）

①重心移至右腿上，身体渐向右转，左脚尖里扣；左手经腹前向右上画弧至右肩前，手心斜向后，同时右手松勾变掌，手心向右前；眼视左手。

②上体慢慢左转，重心随之逐渐左移；左手由脸前向左侧运转，手心渐渐转向左方；右手由右下经腹前向左上画弧，至左肩前，手心斜向后；同时右脚靠近左脚，成小开立步（两脚距离 10～20 厘米）；眼视右手。

③上体再向右转，同时左手经腹前向右上画弧至右肩前，手心斜向后；右手向右侧运转，手心翻转向右；随之左腿向左横跨一步；眼视左手。

④同②解。

⑤同③解。

⑥同②解。

图 2-10

（11）单鞭（见图 2-11）

上体向右转，右手随之向右运转，至右侧方时变成勾手；左手经腹前向右画弧至右肩前，手心向内；重心落在右腿上，左脚尖点地；眼视右手。上体微向左转，左脚向左前侧方迈出，右脚跟后蹬，成左弓步；在身体重心移向左腿的同时，上体继续左转，左掌慢慢翻转向前推出，成"单鞭"式。

图 2-11

（12）高探马（见图 2-12）

右脚跟进半步，身体重心逐渐后移至右腿上；右勾手变成掌，两手心翻转向上，两肘微屈；同时身体微向右转，左脚跟渐渐离地；眼视左前方。上体微向左转，面向左前方，右掌经右身旁向前推出，手心向前，手指与眼同高；左手收至左侧腰前，手心向上；同时左脚微向前移，脚尖点地，成左虚步；眼视右手。

图 2-12

（13）右蹬脚（见图 2-13）

左手手心向上，前伸至右手腕背面，两手相互交叉，随即向两侧分开并向下画弧，手心斜向下，同时左脚提起向左前侧方进步（脚尖稍外撇）；身体重心前移；右腿自然蹬直，成左弓步；眼视前方。两手由外圈向里圈画弧，两手交叉合抱于胸前，右手在外，手心均向后；同时左脚靠拢，脚尖点地；眼平视右前方。两手臂左右画弧分开平举，肘部微屈，手心均向外；同时右腿屈膝提起，右脚向右前方慢慢蹬出；眼视右手。

图 2-13

（14）双峰贯耳（见图 2-14）

右腿收回，屈膝平举；左手由后向上、向前下落至体前，两手心均翻转向上，两手同时向下划弧，分落于右膝盖两侧；眼视前方。右脚向右前方落下，重心渐渐前移，成右弓步，面向右前方；同时两手下落，慢慢变拳，分别从两侧向上、向前画弧至面部前方，成钳形；两拳相对，高与耳齐，拳眼都斜向内下（两拳中间距离为 10 ～ 20 厘米）；眼视右拳。

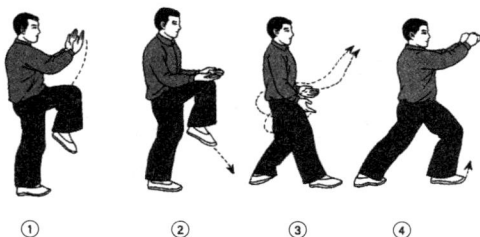

图 2-14

（15）转身左蹬脚（见图 2-15）

左腿屈膝后坐，身体重心移至左腿，上体左转，右脚尖里扣；同时两拳变掌，由上向左右画弧分开平举，手心向前；眼视左手。身体重心再移至右腿，左脚收到右脚内侧，脚尖点地；同时两手由外圈向里圈画弧合抱于胸前，左手在外，手心均向后；眼平视左方。两手臂左右画弧分开平举，肘部微屈，手心均向外；同时左腿屈膝提起，左脚向左前方慢慢蹬出；眼视左手。

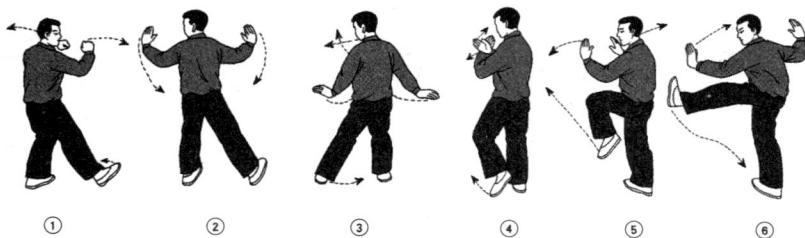

图 2-15

（16）左下势独立（见图 2-16）

左腿收回平屈，上体右转；右掌变成勾手，左掌向上、向右画弧下落，立于右肩前，掌心斜向后；眼视右手。右腿慢慢屈膝下蹲，左腿由内向左侧（偏后）伸出，成左仆步；左手下落（掌心向外）向左下顺左腿内侧向前穿出；眼视左手。身体重心前移，左脚跟为轴，脚尖尽量向外撇，左腿前弓，右腿后蹬，右脚尖里扣，上体微向左转并向前起身；同时左臂继续向前伸出（立掌），掌心向右，右勾手下落，勾尖向后；眼视左手。右腿慢慢提起、平屈，成左独立式；同时右勾手变掌，并由后下方顺右腿外侧向前弧形上挑，屈臂立于右腿上方，肘与膝相对，手心向左；左手落于左胯旁，手心向下，指尖向前；眼视右手。

图 2-16

（17）右下势独立（见图2-17）

①右脚下落于左脚前，脚尖着地，然后以左脚前掌为轴，脚跟转动，身体随之左转，同时左手向后平举变成勾手，右掌随着转体向左侧画弧，立于左肩前，掌心斜向后；眼视左手。

②同"左下势独立"②解，唯左右相反。

③同"左下势独立"③解，唯左右相反。

④同"左下势独立"④解，唯左右相反。

图 2-17

（18）左右穿梭（见图2-18）

①身体微向左转，左腿向前落地，脚尖外撇，右脚跟离地，两腿屈膝成半坐盘式；同时两手在左胸前成抱球状（左上右下）；然后右脚收到左脚内侧，脚尖点地；眼视左前臂。

②身体右转，右脚向右前方迈出，屈膝弓腿成右弓步；右手由脸前向上举并翻掌停架在右额前，手心斜向下；左手向左下，再经体前向前推出，高与鼻尖平，手心向前；眼视左手。

③身体重心略向后移，右脚尖稍向外撇，随即身体重心再移到右腿，左脚跟进，停于右脚内侧，脚尖点地；同时两手在胸前成抱球状（右上左下）；眼视右前臂。

④同②解，唯左右相反。

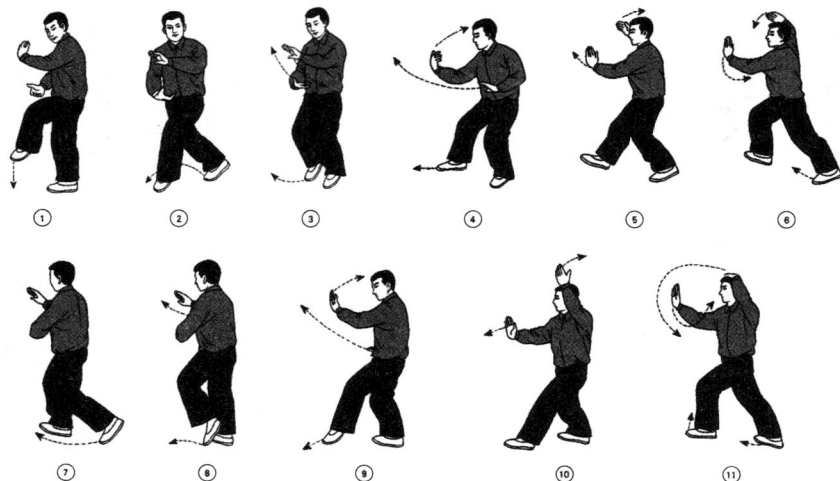

图 2-18

（19）海底针（见图 2-19）

右脚向前跟进，身体重心移至右腿，右脚稍向前移举步；右手下落经体前向后、向上提抽至肩上耳旁，左手下落至体前侧。左脚尖点地成左虚点；同时身体稍向右转；右手再随身体左转，由右耳旁斜向前下方插出，掌心向左，指尖斜向下；与此同时，左手向前、向下画弧落于左胯旁，手心向下，指尖向前；眼视前下方。

图 2-19

（20）闪通臂（见图 2-20）

上体稍向右转，左脚微回收举步，同时两手上提；眼视前方。左脚向前迈出，脚跟着地；左右两手分别向左前、右后分开；左手心向前，右手心向外；眼视前方。重心前移，左腿屈膝弓成左弓步；同时右手屈臂上举，停于右额前上方，掌心翻转斜向上，拇指朝下；左手由胸前随重心前移慢慢向前推出，高与鼻尖平，手心向前；眼视左手。

图 2-20

（21）转身搬拦锤（见图 2-21）

上体后坐，身体重心移至右腿上，左脚尖里扣；身体向右后转，然后身体重心再移至左腿上；与此同时，右手随着转体向右、向下（变拳）经腹前画弧至左肋旁，拳心向下；左掌上举于头前，掌心斜向上；眼视前方。向右转体，右拳经胸前向前翻转撇出，拳心向上；左手落于左胯旁，掌心向下，指尖向前；同时右脚收回后（不要停顿或脚尖点地）即向前迈出，脚尖外撇；眼视右拳。身体重心移至右腿上，左腿向前迈出一步；左手上起经左侧向前上划弧拦出，掌心向前上方；同时右拳向右画弧收到右腰旁，拳心向上；眼视左手。左腿前弓成左弓步，同时右拳向前打出，拳眼向上，高与胸平，左手附于右前臂里侧；眼视右拳。

图 2-21

（22）如封似闭（见图 2-22）

左手由右腕下向前伸出，右拳变掌，两手手心逐渐翻转向上并慢慢分开回收；同时身体后坐，左脚尖翘起，身体重心移至右腿；眼视前方。两手在胸前翻掌，向下经腹前再向上、向前推出；腕部与肩平，手心向前；同时左腿前弓成左弓步；眼视前方。

图 2-22

（23）十字手（见图2-23）

屈膝后坐，身体重心移向右腿，左脚尖里扣，向右转体；右手随着转体动作向右平摆画弧，与左手成两臂侧平举，掌心向前，肘部微屈；同时右脚尖随着转体稍向外撇，成右侧弓步；眼视右手。身体重心慢慢移至左腿，右脚尖里扣，随即向左收回，两脚距离与肩同宽，两腿逐渐蹬直，成开立步；同时两手向下经腹前向上画弧交叉合抱于胸前，两臂撑圆，腕高与肩平，右手在外，成十字手，手心均向后；眼视前方。

图 2-23

（24）收势（见图2-24）

两手向外翻掌，手心向下，两臂慢慢下落，停于腹前；眼视前方。两腿缓缓蹬直，同时两掌慢慢下落至大腿侧，然后收左脚成并步直立；眼视前方。

图 2-24

（二）八卦掌

1. 八卦掌在现代社会中的健身价值

八卦掌的基本运动形式为走转，各种掌法、身法、腿法和器械方法，都是在走转行进中完成的，将"走"的特点体现了出来，其路线复杂，纵横交错，曲直交替，比单纯的直线步行更具有健身作用。

（1）能够使心血管系统机能有所增强。八卦掌练习中的走转、两脚的摆扣变换和腰部的旋转，能够收缩腰腿部肌肉，把保存在腰腿部的大量静脉血压回心脏，然后进入肺部进行气体交换，排出二氧化碳，结合氧而成为动脉血，再由心脏排出，供人体各组织的需要。除此之外，八卦掌的行圆走转和如环无端的掌法变化，能够对人体血液循环的三种动力（心脏的收缩，血管的压力，肌肉的弹力）进行适当的调节，组成一个协调的动力体系，对人体全身的血液循环起到积极的推动作用，从而使心肺功能增强。

（2）能够有效增强呼吸系统机能。八卦掌变换多样的掌法，上肢的搬、拦、截、扣、推、托、带、领等技法动作以及躯干的盘折拧转，能够将几乎所有的呼吸肌带动起来，牵动胸肋骨，从而使肺扩张进一步增大，使肺泡内的氧分压持续增高，使血氧有所增加。除此之外，通过躯干和腰部的俯仰、折叠和扭转，还能够使腰腿部肌肉坚实有力，保障全身血氧的供给，进而促使血液不断更新，使呼吸系统的机能得到有效地增强。

（3）增强消化系统机能。通过八卦掌的锻炼，能够对唾液腺、肝和胰等消化腺的分泌产生一定的刺激作用，促进消化和吸收。同时，八卦掌锻炼过程中的腹式呼吸，使膈肌做上下运动、腹肌做波浪运动，不断改变腹压，从而使肠胃的蠕动力、内脏器官的消化腺的分泌都有所增强，进而使人体摄入更多的营养物质。

（4）能够使神经系统机能得到改善。通过八卦掌的锻炼，能够使大脑皮层神经活动过程的强度、灵活性、均衡性和前庭分析器的机能有所提高，达到补脑养神的效果。

（5）能够有效提高人体免疫力。在练习八卦掌时，大脑皮层运动区会发出各种信息，传到运动神经，使肢体运动刺激经穴而产生内气，内气传感引起全身神经兴奋，从而对细胞的物质代谢起到积极的促进作用。长期进行八卦掌的锻炼，能够使交感神经、副交感神经等对外界环境刺激反应的敏感性以及调节机能有所增强，从而使人体免疫能力得到有效改善。

（6）能够起到健脾强肾的作用。研究表明，疏通经脉能使脾、肾功能有效增强。八卦掌的持续走转使腰、腿部的肌肉、韧带的收缩和放松的交替。不断地刺激着相关的经脉，使经脉畅通，从而使脾、肾功能增强。

总的来说，长期进行八卦掌的锻炼，能够使身体各器官系统的机能得到有效改善，使人体保持阴阳平衡，预防疾病，延缓衰老，优化生命，从而进一步保证人体健康。

2. 八卦掌健身套路练习

简化十六掌充分体现了八卦掌以掌为主、以走为先、身随掌转、步随身行的运动特点。这里主要以简化十六掌为例，来进行八卦掌的健身套路练习，以取得理想的健身效果。

（1）预备势（站无极桩）

两脚并拢，脚尖向前，两腿伸直，两膝相抱。两臂自然放于体侧，五指并拢置于腿侧，沉肩坠肘，含胸裹背，舌抵上腭，立身中正，提项直颈。双目平视，气沉丹田。

（2）起势（变太极）

两臂向体外侧伸展上扬，沉肩坠肘。同时，两腿缓慢弯曲，重心下降。两前臂内旋，两手画弧经胸前下沉至小腹，掌心向下，两臂呈弓形，肘窝相对。目向前平视。

（3）第一掌（下踏掌）

两臂圆撑按于腹前丹田位置，相距一拳，踏腕顶指，两肘窝与两手指尖均相对。同时逆时针沿圈线出左脚走行步桩；上动不停，逆时针沿圈线出右脚走行步桩。

（4）第二掌（外拓掌）

接上势，行走中两臂外撑，两掌向外、向下旋拓，掌心向下。随外拓掌，向左转身。同时右脚向右前扣步；上动不停，待两掌外拓至身后，外旋成掌心向上，两前臂向上、向前运动至胸前，掌背相对，至额下时两掌内旋，掌指向上，掌根相对。同时，带动身体继续左转，重心移至右脚，左脚虚步点地。

（5）第三掌（平托掌）

两掌从额下沿眉梢方向向两侧搓出，变平托掌，当双目平视时，余光能看到双掌为准，两臂微屈，含胸沉肩，两肘里合，两掌外开，掌心向上。同时顺时针沿圈线出左脚走行步桩；上动不停，顺时针沿圈线出右脚走行步桩。

（6）第四掌（内截掌）

两臂由前臂引领向前合，内截，两肘用力，力在前臂内缘及两掌小鱼际，沉肩垂肘，两掌心向上，略高于肩。同时左脚进步扣步；两肘后抽，两掌心向上收于腰两侧，两臂内旋后撤并外分上扬，然后屈臂收掌于耳侧，掌心向前，指尖相对。同时，带动身体右转，重心移至左脚，右脚虚步点地。双目向前平视。

（7）第五掌（双撞掌）

两臂向前圆撑，臂和掌向内拧裹，两肘窝相对，掌与口平，沉肩垂肘，两掌中指相对，掌心向前，力在掌根。同时带动右脚逆时针沿圈线进步走行步桩；上动不停，左脚逆时针沿圈线进步走行步桩。

（8）第六掌（横撩掌）

左前臂微外旋并向右肩方向掩肘，以肘领先带动前臂，左掌向右置于右肘窝处，立掌，肘要贴紧前胸，掌心斜向右肩；右臂、右掌保持外撑。同时，在掩肘的带动下，向右转体，右脚进步扣步，坐腰溜臀。目向左肩方向平视；左臂弧形下落并向左上弧形撩掌，与地面平行，掌心向外，拇指里扣向下；右臂、右掌保持外撑。在撩掌的带动下，向左转身，重心坐于右腿，身体保持中正，收臀，抽腰顶项，垂肩。同时，左腿向左后方摆，左腿与左臂上下相呼应，下盘成高桩半马步，两脚趾抓地，左手、左足对齐。目视左掌方向。

（9）第七掌（合抱掌）

右臂外旋下落并向身体左前撩打；掌心向左上；左臂内旋微屈肘上抬外撑于头左上方，掌心斜向上。同时，在撩打的带动下，身体左转，左脚原地外摆步，右脚进步扣步，重心坐于左腿。目视前方；上动不停，右前臂向上竖起，右掌成弧形运动至额下，掌心向上，然后从额下向圆心方向穿出，掌指微微上翘，臂微屈；左臂外旋向下，左掌从耳侧向上、向前经头顶向圆心方向穿出，掌心向下（如左掌心向上为托枪掌），与右掌相应，两掌成合抱掌，又称抱球式，似狮子张嘴。同时，在合抱掌的带动下，向右转身，右脚顺时针沿圈线向前进步走行步桩。目视圆心方向。

（10）第八掌（平削掌）

右掌向左平削，左臂内旋成掌心向上。同时，在削掌的带动下，向左转身。左脚进步扣步。目视右掌方向；上动不停，左臂外旋弧形下落至与肩同高时，向右平削掌，掌心向上；右臂屈肘后撤，右掌经左胸、右腹向腰后掖出，掌心向后。同时，在削掌的带动下，向右后转体，右脚逆时针沿圈线进步走行步桩。目视左掌方向。

（11）第九掌（阴阳掌）

右臂向右前方弧形回兜，圆撑于头的右前方，掌心向前，与肩同高；左臂内旋，屈肘后撤，回落于左腰侧，左掌向小指一侧旋并向左后方掖掌，与腰眼齐平，掌心向后。两臂内拧，一前一后，圆撑（俯视情况下构成S线）。同时，由掌法带动身体左转，左脚逆时针沿圈线进步走行步桩。目视圈心方向。

（12）第十掌（撩阴掌）

右臂保持外撑，左臂拧肩调臂，左掌向后掖。同时，带动身体左转，右脚上步扣步。双目向前方平视；上动不停，右臂保持外撑，左臂继续向左后方掖成直臂。同时，随掖掌，身体左转，左腿向左前方摆脚，左腿与左臂上下呼应，重心坐于右腿，下盘成高桩半马步。目视左掌方向。

（13）第十一掌（横开掌）

左臂上抬圆撑于头的前上方，掌心向外；右臂外旋并弧形下落，右掌向左前方撩打。同时，在撩打的带领下，身体左转，右脚进步扣步，重心坐于左腿。目视撩打方向；上动不停，右臂内旋成掌心向下，并向右侧圈心方向横砍掌，沉肩坠肘，掌与肩同高；左臂下落外旋成掌心向上，并向右侧圈心方向砍掌，掌与胸同高，归于右腋下，左肘贴肋。两掌心上下呼应。同时，在砍掌的带领下，向右转腰。右脚逆时针沿圈线上步走行步桩。目视右掌方向。

（14）第十二掌（背插掌）

左掌从右腋下向背后插掌。同时，带动身体右转，左脚进步扣步；接上势，左掌继续向后上方插掌。右臂高挑，指尖冲天。同时，在插掌的带动下，身体右转，重心移至左脚，右脚虚步点地。目视左肩方向。

（15）第十三掌（指天打地双插掌）

两臂相错，左掌沿右臂下向上高挑，左掌、左臂贴耳钻天外旋，掌心斜向后，力在掌根；右掌从左胸前滑下，经腹部置于左胯旁，向下插地，力在掌根，掌心向圈心方向，上下掌成一条直线。同时，在掌法的带动下，向左转腰。左右脚逆时针沿圈线进步走行步桩。目视圈心方向。

（16）第十四掌（扣步掩肘横撩掌）

左前臂微内旋向右肩方向掩肘，并以肘领先带动前臂，左掌高与眉齐，肘要贴紧前胸，掌心斜向右肩；右掌姿势、位置不变。同时，在掩肘的带动下，向右转体，右脚进步呈扣步，注意坐腰溜臀。双目向左肩方向平视；上动不停，左臂弧形下落向左弧形撩掌，左臂与地面平行，掌心向外，拇指里扣向下；右前臂收至右肋下，右掌置于腰间，掌心向上。同时，在撩掌的带动下，向左转身，保持身体保持中正，收臀，抽腰顶项，垂肩。左腿向左侧摆步，左腿与左臂相呼应，两脚趾抓地，左手、左足对齐。目视左掌方向。

（17）第十五掌（转插掌）

右掌掌心向上经胸部向左腋下转插，掌指向圆心。同时，身体随之左后转，左脚原地外摆步，右脚进步扣步，尽量转腰，面向圈心方向。左手随转体向左后平摆，掌心向外，拇指斜向下。目视圈心。

（18）第十六掌（推转掌／推磨掌）

右臂向右后外展，沉肩坠肘，掌心向上，掌指与眉同高；左臂外旋并逐渐屈肘，左掌收回至胸前，掌心向上。同时，向右后转身，右脚向身后摆脚归于圈线。目视右掌方向；上动不停，右前臂内旋，以腕带掌，做小幅度平抹，然后翻掌外拓，掌心向圆心；左前臂内旋，左掌向右下方外拓，掌指与右肘尖相对，掌心向右，两肘窝向上。同时，向右转体，面向圆心方向。目视圈心方向。

（19）收势

以推转掌的掌势顺时针走 1/4 圈。两肘后抽，两前臂外旋，两掌收于腰两侧，两掌心向上。同时，向左转体，目向前方平视；两肘继续后抽，两掌屈腕内旋向小腹前弧形平抹，掌心向下，两臂呈弓形，肘窝、掌指相对，两掌下压，力在掌根。同时，身体右转，左脚进步收于右脚旁成并步，两腿伸直，两膝相抱。目向左前方平视；两臂外旋下落至体侧，五指并拢置于腿侧。身体微右转。同时，右脚向右前上半步，左脚跟步，两脚平行向前，归于起势方向。立身中正，沉肩坠肘，含胸裹背，舌抵上腭，气沉丹田。目向前方平视。

二、养生保健类运动

（一）易筋经

1. 易筋经的养生保健作用分析

易筋经有着较为显著的养生保健作用，具体表现在以下几方面。

（1）肢体舒展，强筋健骨

在易筋经的练习中，练习者的四肢、躯干、关节等都需要完全、彻底、充分地屈伸、扭转，这样就会牵拉机体各部位多角度、多方位地活动。长期进行易筋经的锻炼，能够有效改善人体经脉，对人体筋脉进行调节，促进血液循环，使新陈代谢能力增强，达到外练筋骨、内壮脏腑的目的。

（2）平衡阴阳，畅通气血

《内经》认为："阴平阳秘，精神乃治；阴阳离决，精气乃绝。"其大意为，人体阴阳之气能决定身体的健康。对此，中医的观点为："气为血之帅，血为气之母。"通过易筋经的锻炼，能够使真气在人体内部的运行有所增强，使身体的各个器官和组织都得到充分的放松和休息，进而对全身的气血流畅、关窍通利、阴阳平衡、形神统一起到积极的促进作用。

（3）祛疗病疾，延缓衰老

易筋经的外形锻炼能够使练习者全身的血液循环增强，使其其内脏功能得到改善，对心血管疾病、呼吸系统疾病、消化系统疾病以及尿频尿急、头痛头晕、失眠多梦等病症有良好的防治作用，同时，可起到延缓衰老的作用。除此之外，易筋经的内在修持可使练习者心情宁静，全身放松，使其保持良好的情绪。再加上与身体扭转拉伸、手足推挽的配合，对于缓解压力、消除疲劳、补充精力、祛疾健身、塑身修形、益寿延年有良好的作用和影响。

2. 易筋经养生保健套路练习

（1）预备势

两脚并拢站立，两手自然垂于体侧。下颏微收，百会虚领，唇齿合拢，舌自然平贴于上腭。目视前方。

（2）韦驮献杵第一势

①左脚左侧迈半步，脚间距与肩同宽，两膝微屈成开立姿势。两手自然垂于体侧。

②两臂自体侧向前抬至前平举，掌心相对，指尖向前。

③两臂屈肘，自然回收，手指指向斜前上方约30°，两掌合于胸前，相距一拳距离，掌根与膻中穴同高，虚腋；目视前下方。

（3）韦驮献杵第二势

①两肘抬起，两掌伸平，手指相对，掌心向下，掌臂约与肩平。

②两掌前伸，掌心向下，指尖向前。

③两臂侧平举，掌心向下，指尖向外。

④五指并拢，坐腕立掌。目视前下方。

（4）韦驮献杵第三势

①手腕放松，两臂向前平举内收至胸前平屈，掌心向下，掌与胸相距约一拳。目视前下方。

②两掌内旋，翻掌至耳垂下，掌心向上，虎口相对，两肘外展与肩平。

③重心前移，前脚掌支撑，提踵。两掌上托至头顶，掌心向上，展肩、伸肘、收颏，

舌抵上腭，咬紧牙关。

④保持动作，静立片刻。

（5）摘星换斗势

①左摘星换斗势

第一，两脚跟缓缓落地，两手握拳，拳心向外，两臂下落至侧上举。随后两拳缓缓伸开变掌，掌心斜向下，全身放松。目视前下方。

第二，身体左转，屈膝。右臂上举经体前下摆至左髋关节外侧"摘星"，右掌自然张开；左臂经体侧下摆至体后，左手背轻贴命门。目视右掌。

第三，直膝，身体转正。右手经体前向额上摆至头顶右上方，松腕，肘微屈，掌心向下，手指向左，中指尖垂直于肩井穴；左手背轻贴命门，意注命门。目随手动，定势后目视掌心。

第四，静立片刻，然后两臂自然伸展于体侧。

②右摘星换斗势

与左摘星换斗势动作相同，唯方向相反。

（6）打躬势

①起身，身体转正，重心后移。右脚尖内扣，脚尖向前，左脚收回成开立姿势。两手随体左转放松，外旋，掌心向前，外展至侧平举后，两臂屈肘，两掌掩耳，十指扶按枕部，指尖相对，以两手食指弹拨中指击打枕部7次（即鸣天鼓）。目视前下方。

②身体前俯，两腿伸直，由头经颈椎—胸椎—腰椎—骶椎逐节缓缓牵引前屈，目视脚尖，停留片刻。

③由骶椎至腰椎—胸椎—颈椎—头依次逐节缓缓伸直，身体直立，两掌掩耳，十指扶按枕部，指尖相对。目视前下方。

④重复②～③动作3遍，逐渐加大身体前屈幅度，每次重复之间稍停。

（7）掉尾势

①起身直立，两手猛然拔离开双耳（即拔耳）。手臂自然前伸，十指交叉相握，掌心向内。屈肘，翻掌前伸，掌心向外。再屈肘，转掌心向下内收于胸前。身体前屈塌腰、抬头，两手交叉缓缓下按。目视前方。

②头向左后转，臀向左前扭动。目视尾闾。两手交叉，稍停，还原至体前屈。

③头向右后转，臀向右前扭动。目视尾闾。两手交叉，稍停，还原至体前屈。

④重复②～③动作3遍。

（8）收势

①两手松开，两臂外旋，上体缓缓直立。两臂侧平举，掌心向上，两臂上举，肘微屈，掌心向下。目视前下方。

②松肩，屈肘，两臂内收，两掌经头—面—胸前下引至腹部，掌心向下。目视前下方。

③重复①～②动作3遍。

④两臂放松还原垂于体侧。左脚收回，并拢站立。舌抵上腭，目视前方。

（二）五禽戏

1. 五禽戏的养生保健作用分析

五禽戏的养生保健作用较为显著，具体来说，主要从以下几方面得到体现。

（1）动作的健身功能

五禽戏动作有着简单易学的特点，但每一动作（无论是动姿或静态）都有着较强的健身作用。五禽戏注重身体躯干的全方位运动，以腰为轴，带动全身，各种姿势对全身各个关节部位都有良好的锻炼功效。

（2）呼吸调整的健身功能

五禽戏运动对腹式逆呼吸较为重视。腹式逆呼吸细、匀、深长，方法多变。具有非常重要的健身功能。具体表现在以下几方面。

第一，能够加强呼吸功能，有效地促进肺循环，使血液中的含氧量增加，提高体肺功能。

第二，能够使胃的活动能力增强，改变腹腔的血液循环。

第三，能够使腹肌和肠肌的收缩力量增加，通过呼吸过程使肠肌上升与下降，对腹腔等器官得到很好的按摩作用。

第四，注重自身意识对呼吸的调节，能够对人体的自主神经系统进行适当的调节，而自主神经系统作为能调节内脏活动的重要神经结构，能够使人体的内脏活动得到有效改善，使人体内脏的活动功能得到提高。

（3）意念运用的健身功能

五禽戏要求练习者在练习过程中要重视对意念的控制，具体来说，要求练习者必须进入五禽的意境，将自己置身于大自然中，将禽"戏"中的角色充分表现出来，真正实现与大自然的结合。五禽戏意念假设能够使练习者在功法练习中产生回归自然、返璞归真的感觉，例如，能够体会出"虎"的威猛刚劲、"鹿"的轻捷舒展、"熊"的拖踏沉浑、"猿"的机敏灵动、"鸟"的悠然自得等。这种意境能够使练习者机体各个器官的生理机能得到有效的改善，并通过不同意境中意念的张弛交替、刚柔相济和虚实转换，来修养"精""气""神"。

总的来说，五禽戏的健身价值主要体现为："虎戏"养肝，"鹿戏"养肾，"熊戏"养脾，"猿戏"养心，"鸟戏"养肺。具体根据自身的健康状况进行有针对性的锻炼。

2. 五禽戏养生保健基本技法解析

（1）手型

①虎爪：五指自然张开，虎口尽量撑圆，第一、二指关节弯曲内扣。

②熊掌：以拇指压食指指端，其余四指并拢弯曲，虎口尽量撑圆。

③鹿角：拇指伸直向外张开，食指、小指伸直，中指、无名指弯曲内扣。

④猿钩：五指指腹捏拢，屈腕。

⑤鸟翅：五指伸直，拇指、食指、小指上翘，无名指、中指并拢向下。

⑥握固：拇指抵掐无名指根节内侧，食指、中指、无名指、小指屈拢，收于掌心。

（2）步型

①弓步：两脚前后分开，前脚脚尖微内扣，腿屈膝半蹲，大腿接近水平，膝与脚尖垂直。后腿挺膝伸直，脚尖内扣，脚跟蹬地，前脚同后脚成一直线。上体正对前方，眼向前平视。

②丁步：两脚左右分开，间距10～20厘米：两腿屈膝下蹲，右（左）脚掌着地踏实，左（右）脚脚跟提起，脚尖点地，置于右（左）脚脚弓处。

③虚步：以右脚虚步为例，两脚前后开立，右脚向前迈出，脚足着地，脚尖上翘，脚面绷平，膝微屈，左腿屈膝下蹲，全脚掌着地，脚尖斜向前方，臀部与脚跟上下相对。两手叉腰，眼向前平视。

（3）平衡

①提膝平衡：一腿直立站稳，另一腿体前屈膝上提，小腿自然下垂，脚尖向下。上体正直，目视前方。

②后举腿平衡：一腿蹬直站稳，另一腿伸直，向体后举起，脚面绷平，脚尖向下。抬头，目视前方。

3. 五禽戏养生保健套路练习

（1）预备势

①双脚并拢，两手垂于体侧；头项正直，下颏微收，舌抵上腭，胸腹放松。目视前方。

②两脚开立，比肩稍宽；两膝微屈；松静、调息，意守丹田。

③屈肘，两臂于体前向上、向前平托，与胸同高；两肘下垂外展，两掌向内翻转按于腹前，目视前方。重复本动作两遍后，两手自然下垂于体侧。

（2）虎戏

①虎举。

第一，双手掌心向下，十指撑开并弯曲成"虎爪"。目视两掌。

第二，两掌外旋，曲小指，其余四指依次弯曲握拳，拳心相对。两拳体前上提至肩，十指撑开，举至头上方再弯曲成虎爪状外旋握拳，拳心相对。目视两掌。

第三，两拳下拉至肩前，变掌下按，沿体前下落至腹前，十指撑开，掌心向下。目视两掌。

第四，重复前三个动作三遍后，两手自然下垂于体侧。

②虎扑。

第一，双手握空拳，沿体侧上提至肩前上方。

第二，双手向上、向前画弧，十指撑开并弯曲成"虎爪"，掌心向下。上体前俯，挺胸塌腰。目视前方。

第三，两腿屈膝下蹲，收腹含胸。两手向下画弧至两膝侧，掌心向下。目视前下方。两腿伸膝，送髋，挺腹，后仰。两掌握空拳沿体侧上提至胸侧。目视前上方。

第四，左腿屈膝提起，双手上举，左脚向前迈步，脚跟着地；右腿屈膝下蹲成左虚步。上体前倾，两拳变"虎爪"向前、向下扑至膝前两侧，掌心向下。目视前下方。上体抬起，左脚收回，开步站立。两手自然下落于体侧。目视前方。

第五，重复前四个动作，唯左右方向相反。

第六，重复前五个动作，两掌向身体侧前方举起，与胸同高，掌心向上。目视前方。两臂屈肘，两掌内合下按，自然垂于体侧。目视前方。

（3）鹿戏

①鹿抵。

第一，两腿微屈，重心移于右腿，左脚经右脚内侧向左前方迈步，脚跟着地。身体右转，两掌握空拳右摆，拳心向下，高与肩平。目随手动。

第二，重心前移，左腿屈膝，脚尖外展踏实，右腿伸直蹬实。身体左转，两拳变掌成"鹿角"向上、向左、向后画弧，掌心向外，指尖朝后，左臂弯曲外展平伸，肘抵靠左腰侧；右臂举至头前，向左后方伸抵。目视右脚跟。身体右转，左脚收回成开步站立。双手向上、向右、向下画弧，两掌变拳回落于体前。目视前下方。

第三，重复前两个动作，唯左右方向相反。

第四，重复前三个动作。

②鹿奔。

第一，左脚向前跨步，屈膝，右腿伸直。两掌握空拳，向上、向前画弧至体前，与肩同高同宽，拳心向下。目视前方。

第二，重心后移，左膝伸直，脚掌着地，右腿屈膝。低头，弓背，收腹。两臂内旋，两掌前伸，掌背相对，拳变"鹿角"。

第三，重心前移，上体抬起，右腿伸直，左腿屈膝。松肩沉肘，两臂外旋，"鹿角"变空拳，高与肩平，拳心向下。目视前方。

第四，左脚收回，开步直立，两拳变掌回落于体侧。目视前方。

第五，重复前四个动作，唯左右方向相反。

第六，重复前五个动作，两掌向身体侧前方举起，与胸同高，掌心向上。目视前方。两臂屈肘，两掌内合下按，自然垂于体侧。目视前方。

（4）熊戏

①熊运。

第一，两掌成"熊掌"，拳眼相对，垂于下腹部。目视两拳。

第二，以腰腹为轴，上体做顺时针摇晃。两拳随之沿右肋部、上腹部、左肋部、下腹部画圆。目随体转环视。

第三，重复前两个动作。

第四，重复前四个动作，唯左右方向相反。

②熊晃。

第一，重心右移，左髋上提，左脚离地，屈左膝。两掌握空拳成"熊掌"。目视左前方。

第二，重心前移，左脚向左前方迈步，全脚掌踏实，脚尖朝前；右腿伸直。身体右转，左臂内旋前靠，左拳摆至左膝前上方，拳心向右；右拳摆至体后，拳心向后。目视左前方。

第三，身体左转，重心后坐，右腿屈膝，左腿伸直。拧腰晃肩，两臂前后弧形摆动，右拳摆至左膝前上方，拳心向右；左拳摆至体后，拳心向后。目视左前方。

第四，身体右转，重心前移。左腿屈膝，右腿伸直。左臂内旋前靠，左拳摆至左膝前上方，拳心向左；右拳摆至体后，拳心向后。目视左前方。

第五，重复前四个动作，唯左右方向相反。

第六，重复前五个动作，左脚上步，开步站立。两手自然垂于体侧，两掌向身体侧前方举起，与胸同高，掌心向上。目视前方。屈肘，两掌内合下按，自然垂于体侧。目视前方。

（5）猿戏

①猿提。

第一，两掌体前成"猿勾"。

第二，两手上提至胸，两肩上耸，收腹提肛。脚跟提起，头左转。目随头动。

第三，两肩下沉，头转正，松腹落肛，脚跟着地。"猿勾"变掌，掌心向下。目视前方。

第四，两掌沿体前下按落于体侧。目视前方。

第五，重复前四个动作，唯头向右转。

②猿摘。

第一，左脚退步，脚尖点地；右腿屈膝，重心落于右腿。左臂屈肘，左掌成"猿勾"收至左腰侧；右掌摆向右前方，掌心向下。

第二，重心后移，左脚踏实，屈膝下蹲；右脚收至左脚内侧，脚尖点地成右丁步。右掌向下经腹前向左上方画弧至头左侧，掌心对太阳穴。目先随右掌动，再视右前上方。

第三，右掌内旋沿体侧下按至左髋侧，掌心向下，目视右掌。右脚向右前方迈步，左腿蹬伸，重心前移，右腿伸直，左脚脚尖点地。右掌经体前向右后上方画弧，举至体侧变"猿勾"，稍高于肩；左掌向前、向上伸举，屈腕撮勾成采摘式，目视左掌。

第四，重心后移。左掌由"猿勾"变"握固"；右手变掌回落于体前，虎口向前。左腿屈膝下蹲；右脚收至左脚内侧，脚尖点地成右丁步。左臂屈肘收至左耳旁，掌指分开，掌心向上成托桃状；右掌经体前向左画弧至左肘下捧托，目视左掌。

第五，重复前四个动作，唯左右方向相反。

第六，重复前五个动作，两脚开立，两手自然垂于体侧，两掌向体侧前方举起，与胸同高，掌心向上。目视前方。屈肘，两掌内合下按自然垂于体侧。目视前方。

（6）鸟戏

①鸟伸。

第一，两腿微屈下蹲，两掌在腹前相叠。两掌向上举至头前上方，掌心向下，指尖向前。身体微前倾，提肩，缩项，挺胸．塌腰。目视前下方。

第二，两腿微屈下蹲，两掌相叠下按至腹前。目视两掌。重心右移，右腿蹬直，左腿伸直向后抬起。同时，两掌左右分开，掌成"鸟翅"向体侧后方摆起，掌心向上。抬头，伸颈，挺胸，塌腰。目视前方。

第三，左脚回落，两脚开立，两腿微屈半蹲。两掌下落经体侧叠于腹前。目视两掌。

第四，两腿伸直，两掌上举至头前上方，掌心向下，指尖向前。身体微前倾，提肩，缩项，挺胸，塌腰。目视前下方。

第五，重复前四个动作，唯左右方向相反。

第六，重复前五个动作，左脚下落，开步站立，两手自然垂于体侧。目视前方。

②鸟飞。

第一，两腿微屈，两掌成"鸟翅"合于腹前，掌心相对。目视前下方。右腿伸直独立；左腿屈膝提起，小腿自然下垂，脚尖向下。两掌成展翅状在体侧平举向上，稍高于肩，掌心向下。目视前方。

第二，左脚下落于右脚旁，脚尖着地，两腿微屈。两掌合于腹前，掌心相对。目视前下方。

第三，右腿伸直独立；左腿屈膝提起，小腿自然下垂，脚尖向下。两掌经体侧向上举至头顶上方，掌背相对，指尖向上。目视前方。

第四，左脚下落在右脚旁，全脚掌着地，两腿微屈。两掌合于腹前，掌心相对。目视前下方。

第五，重复前四个动作，唯左右方向相反。

第六，重复前五个动作，两掌向身体侧前方举起，与胸同高，掌心向上。目视前方。屈肘，两掌内合下按自然垂于体侧。目视前方。

（7）收势

①两掌经体侧上举至头顶上方，掌心向下。两掌指尖相对，沿体前缓慢下按至腹前。目视前方。

②同①。

③两手缓慢在体前画平弧，掌心相对，高与脐平。目视前方。

④两手在腹前合拢，虎口交叉，叠掌。眼微闭，调整呼吸，意守丹田。

⑤数分钟后，两眼慢慢睁开，两手合掌搓热。掌贴面部上下浴面3～5遍。

⑥两掌向后沿头顶、耳后、胸前下落，自然垂于体侧。目视前方。

⑦左脚提起向右脚并拢，前脚掌先着地，然后全脚踏实恢复成预备势。目视前方。

（三）八段锦

1. 八段锦的养生保健作用分析

八段锦的养生保健作用主要表现在以下几方面。

（1）固腰强肾、改善骨骼

由于八段锦的大部分动作形式都是手臂的旋转，通过两臂的内外翻旋，能够使手臂的扭转、对手臂的压力加大。而在手臂的屈伸过程中，能够使对肘部的刺激加强，使练习者达到畅通心肺经络的目的，还可以对命门和任督二脉产生刺激，由此达到壮腰的效果。八段锦的下肢动作能够对练习者足三阴三阳经起到一定的刺激错用，对脾胃进行调节，起到疏肝、利胆、健腰的功效。并且根据足部反射区原理，墩足跟还能有效刺激生殖、泌尿系统的反射区，因此具有固肾的作用。另外，八段锦中有躯干折叠、站桩以及行进间蹲起的动作，这些动作能够使练习者的腿部力量得到有效地发展和提高，能够使重心更加稳定，同时还能够使血钙的流失得到避免，进而达到强健骨骼的目的。

（2）减脂降压、醒脑宁神

八段锦是一项非常好的有氧运动，它的运动强度相对较小，时间较长，在长时间的缓慢动作中，能够使人体多余的能量得到有效地消耗。而在人体中，脂肪是供能的首推系统，随着脂肪代谢的增加，血液对血管壁压力会有所减小，因此，能够起到良好的减脂降压的功效。除此之外，八段锦还是一项较好的康复体操，其功法练习对于畅通肾经、手指的抓握变化较为注重；同时，还比较重视踮脚趾及上下肢的配合，因为这样能够使大脑得到锻炼，达到醒脑宁神的目的。

（3）能够有效发展和提高身体柔韧性

八段锦中有许多抽筋拔骨的伸展性运动，长期进行锻炼，能够使身体各部位的柔韧性得到全面的发展和提高。

2. 八段锦养生保健基本技法解析

（1）手型

①拳：用大拇指抵掐环指（无名指）根节内侧，其余四指屈拢收于掌心，握固（见图 2-25）。

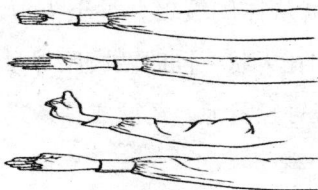

图 2-25

②掌：有两种掌型，具体如下。

第一，五指稍分开，微屈，掌心微含（见图 2-26a）。

第二，拇指与食指竖直分开成八字状，其余三指的一、二指节屈收，掌心微含（见图 2-26b）。

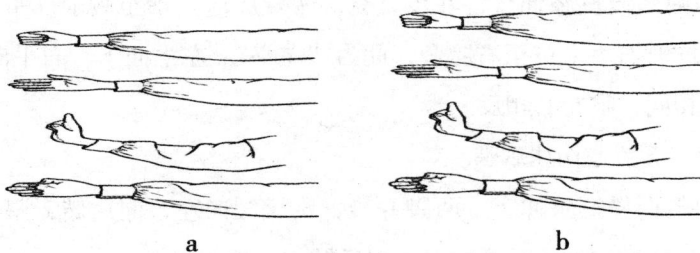

a   b

图 2-26

③爪：伸直手腕，五指并拢，拇指的第一指节，其余四指的一、二指节屈收扣紧（见图 2-27）。

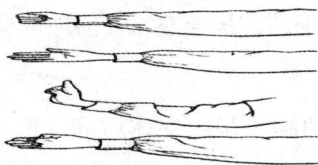

图 2-27

（2）步型

马步在八段锦中运用较多，以马步为例，应开步站立，脚间距大约为本人脚长的2～3倍，双腿平行，然后下蹲，脚尖平行向前，不要外撇，膝盖不能超过脚尖，大腿几乎与地面平行，胯内收，臀部保持紧张。

3. 八段锦的养生保健套路练习

这里以站式八段锦为例，来介绍其养生保健的套路练习。

预备式：身体直立，两臂下垂，全身放松，舌抵上腭，目光平视。

（1）第一段：两手托天理三焦

接预备式，随着吸气，两臂从体侧缓缓上举至头顶，掌心朝上；两手指交叉，内旋翻掌向上撑起，肘关节伸直，如托天状；同时两脚跟尽量上提，抬头，眼看手背。随着呼气，两臂经体侧缓缓下落；脚跟轻轻着地，还原成预备式。

（2）第二段：左右开弓似射雕

接上式，左脚向左横开一步，屈膝下蹲成马步，同时两管屈肘抬起，右外左内在胸前交叉。左手拇指和食指撑开成八字，其余三指扣住，缓缓用力向左侧平推．同时右拳松握屈肘向右平拉，似拉弓状，眼看左手，此为"左开弓"。两臂下落，经腹前向上抬起，在胸前交叉，右手在内，左手握拳在外。然后做右开弓。

（3）第三段：调整脾胃须单举

接上式，两腿慢慢挺膝伸直，并步直立，两臂屈肘上抬至胸前，掌心向下。左手内旋上举至头顶，同时右手下按至右胯旁，此为"左举"。左手向下，右手向上至胸前；"右举"与左举动作相同，唯左右相反。

（4）第四段：五劳七伤往后瞧

接上式，两腿慢慢挺膝伸直，两脚并步，头缓缓向左、向后转，眼看后方。上动稍停片刻，头慢慢转回原位。头缓缓向右、向后转，眼看后方。

（5）第五段：攒拳怒目增力气

接上式，左脚向左平跨一步成马步，两手握拳抱于腰间，眼看前方。左拳向前用劲缓缓冲出，小臂内旋拳心向下。左拳变掌，再抓握成拳收抱腰间。右拳向前用劲缓缓冲出，小臂内旋拳心向下。左、右侧冲拳的方法与左、右前冲拳动作相同，方向由前变为侧。

（6）第六段：双手攀足固肾腰

接上式，两腿挺膝站立，两脚并步，上体后仰，两手由体侧移至身后。上体缓缓前俯深屈，两膝挺直，两臂随屈体向前、向下，用手攀握脚尖，（或手触地）保持片刻。

（7）第七段：摇头摆尾去心火

接上式，左脚向左横跨一步成马步，两手扶按在膝上，虎口朝里。随着吸气，头向左下摆，臀部向右上摆，上体左倾。随着呼气，头向右下摆，臀部向左上摆，上体右倾。上体前俯，头和躯干和向左、向后、向右、向前绕环一周。

（8）第八段：背后七颠百病消

接上式，脚跟尽量上提，两手左里右外交叠于身后，头上顶，同时吸气。足跟轻轻落下，接近地面，但不着地，同时呼气。

三、搏击类运动

（一）擒拿

1. 擒拿基本概况分析

擒拿，即擒拿术，是指以至微之巧力，擒敌于肢体一部位或某部位，使其身体关节受制，而失去反抗能力被擒的技术或技法。作为中华武术宝贵的文化遗产之一，擒拿术受到人们的喜爱，与其显著的技击防卫作用关系密切。

武谚云："远打，近拿，贴身摔"。擒拿技术的特点主要表现为：快速灵敏，贴身近战和技击性强。除此之外，擒拿是用反关节和点拿穴位的方法制胜于敌，技术较为复杂且要求较高，因此，这就要求习练者需具备一定的人体解剖学、人体生理学和生物力学等方面的知识，并在熟练掌握各种方法要领的同时，还要加强基本功和自身身体素质的训练，以及掌握必要的擒拿技法规律。

从古代的文献记载中可以看到，"擒"字的使用在史籍中出现的较早。《春秋公羊传》庄公十二年记载："（宋）万怒，搏闵公，绝其脰。"所谓"绝其脰"，就是用擒拿中的"锁喉法"，使之气绝而死。《汉书·娄敬传》载："夫与人斗，不搤其亢，拊其背，未能全胜。"亢，是喉头，"搤亢"是擒拿的一种方法。由于擒拿有明显的技击作用，故为历代兵家所重视。明代戚继光《纪效新书·拳经·捷要》中介绍各拳术名家时就有"鹰爪王之拿"的记载。清朝称为串指，直到民国才系统地称为擒拿，或称之为拿技。由此可见擒拿术的"擒"字含义是较明确的，"擒者，捉也。""鸟力小可擒捉而取之"，形容拿胜对手犹如捕获小鸟般轻而易举。"拿者，牵引也。"

通常情况下，可以将擒拿分为两种，一种主要是通过拿捏敌人的肌腱或利用反关节技术令敌人的大关节失去功能的大擒拿，又被称为分筋错骨手；另一种主要是在近身格斗中锁拿敌人的小关节、主筋等部位的小擒拿，又称锁筋扣骨手，都是一些小巧功夫。

2. 擒拿的基本技法解析

（1）擒拿的基本手法

①抓：对方用拳或掌击来，五指合力将其前臂或腕关节握住。在实战中，抓和拿是

并举配合运用的。

②拨：当对方用拳击打我方腹部时，我方用前臂由上向下、向里封堵，使对方攻击方向改变后迅速回收。

③托：对方用拳或掌由上向下击来，我方用手掌由下向上举，控制对方手臂，阻止对方下击。

④推：对方用拳或掌击来，用手向外或向前用力，使其前臂移动，改变攻击方向。

⑤压：当对方用拳或掌击打我方腹部时，我方前臂由上向下挤住对方前伸臂用力向下。其常与拿一起使用，压住对方的臂、腕、肘、膝等关节处，使其无法移动。

⑥缠：当对方抓住我方手腕时，我方被抓手以腕关节为轴向上、向外、向下旋转，抓拧对方手腕。

⑦架：对方用拳或掌击来，用前臂向上横截，支撑对方前伸臂。

⑧拧：对方用拳或掌击来，抓住对方前臂或腕关节向里或向外旋转，将其控制住。

⑨刁：对方用拳或掌击打我方头面部，我方反手由里向外，小指一侧先接触对方前臂或腕关节，然后五指合力，将其前臂或腕关节攥住。

⑩搅架：对方用拳或掌击打我方头面部，我方用前臂向斜上方架出，拳心朝里，当触到对方前臂后迅速外旋上架前臂，拳心朝外。上架前臂要贴紧对方前臂，不但使对方前臂改变攻击方向，还可紧紧将其控制住。

⑪掳抓：对方用拳或掌击打我方头面部，我方用前臂由下向上横截，当触到对方前伸臂时，顺势反手抓紧对方前臂或腕关节，用力向自己斜下方拉。

（2）擒拿基本功

①增加指力的基本功。

指功：面对墙壁或木桩、其他物体，用两手食指交替向其戳击。初学者开始练习时用力不要过猛，练习次数由少到多。

抓罐子：自备一个小罐子，内可装沙子等物，重量大小适宜。两腿屈膝半蹲成马步，左右手交替抓罐子。也可抓铁锥等物体。重量和练习次数可逐渐增加（见图2-28）。

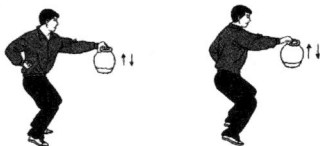

图 2-28

抓铁球：两腿开立半蹲，一手抓握铁球，然后上抛。当铁球下落时，另一手迅速抓握，两手交替反复练习（见图2-29）。

图 2-29

抓沙袋：自制一个重量适宜的小沙袋，内装沙子或谷物。两脚开立或两腿屈膝蹲成马步，然后一手上抛沙袋，待其下落时另一手迅速抓握，左右手交替抛接沙袋，反复练习。此项练习还可以两人或多人互相扔、抓沙袋反复练习（见图2-30）。

图 2-30

②增加臂、腕力量的基本功。

推砖：两脚开立，屈膝半蹲成马步。上体正直，两手各握一块砖，拇指在上，屈肘收于两腰侧，目视前方。然后左右两手交替向前平推，动作同冲拳。初练时重量可轻，随功力增强，练习的时间、次数和重量可逐渐增加，也可手持哑铃做冲拳练习。开始每组30次，每天推2～3组，以后可不断增加（见图2-31）。

图 2-31

拧棒：将若干块砖或一个重物系在一绳子上，拴在圆木棒上。两手各握木棒两端。两脚开立蹲成马步，两手向前臂伸直，握棒两手向前下用力拧棒，将重物拧起，随即两手向后反拧慢慢放下，如此反复练习。初学者可用一块砖或轻重量的物体练习。随着功夫的增长，练习的时间、次数和重量逐渐增加。一般每次练习 3 ～ 5 组，每组 50 次（见图 2-32）。

图 2-32

缠腕：二人面对相距两步左右半蹲成马步。甲乙双方同时伸出左手或右手，由对方外侧向里，两手相交在手腕处，同时向外旋，掌心向下，虎口向前抓握对方手臂向下拧压，然后将手松开，再以另一手缠抓对方。如此反复交替练习，目随手转（见图 2-33）。

图 2-33

3. 擒拿与反擒拿实用技法练习

（1）缠臂推击

对方右手从背后抓我方右肩（见图 2-34）；我方迅速左后转，同时左臂抡绕缠夹对方右臂，右掌推击对方下颏，也可顺势顶膝（见图 2-35）。

图 2-34　　　　　　　　　　图 2-35

（2）挑掌抓拧

对方正面左手由外侧向内抓握我方手腕，我方左脚向左前上半步，脚尖内扣，同时屈右肘下沉，右手成八字掌上挑（见图 2-36、图 2-37）；我方小臂内旋，右掌由上向右下翻切，反抓握住对方左手腕，随即右脚向斜后撤半步，右手由外向里翻拧（见图 2-38、图 2-39）。

图 2-36

图 2-37

图 2-38

图 2-39

（3）扣手缠腕

对方右手由上向下抓握我方手腕，我方左手由上向下扣握住对方右手背，同时屈右肘横抬；我方顺势向右后撤右步，同时右手变掌上挑抓握对方右手腕向外向下拧压，擒拿对方腕部。

（4）撤步折腕

对方正面右手抓握我方右手腕，我方左手扣握对方右手，拇指顶其手背，右臂屈肘横抬，左脚后撤一步；我方左手和右手四指同时扣抓住对方的右掌心，两拇指前顶，双手推压其手腕，并向下、向后拉带，边卷边压。当对方抓我方胸时也可用此方法。

（5）掀压击肘

我方正面双肩被对方双手抓住（见图 2-40）；我方双手从对方双手中间环抱，左臂上掀右臂下压对方肘部，即可解脱（见图 2-41）；我方左手顺对方右臂内侧下捋，刁抓对方右手腕的同时，左脚上步，右臂屈肘横击对方左颊部（见图 2-42）。

图 2-40

图 2-41

图 2-42

（6）扣腕格肘

我方右手腕被对方的右手抓握，我方左手由上向下扣握住对方右手，同时屈右肘横抬（见图2-43、图2-44）；随即左脚向左前上半步，右手成掌反抓握住对方右手腕向内拉，同时上体右前倾，左肘向下格压对方右肘（见图2-45、图2-46）。

图 2-43

图 2-44

图 2-45

图 2-46

（7）抓腕脱打

我方右手腕被对方的右手抓握；我方右手握拳屈肘，从对方右手拇指一侧，忽然上挑至右肩前。同时左手向下推压其右腕；我方右手解脱后，随右脚向前半步的同时，右拳背抡击对方右颊部。

（8）撑脱顶肘

对方从后面将我方双臂抱住（见图2-47）；我方右脚后撤半步，同时身体快速下蹲，两臂屈肘外撑上抬，即可解脱（见图2-48）；我方左手顺势刁抓对方右手腕，同时右肘尖猛力顶击对方肋部（见图2-49）。

图 2-47

图 2-48

图 2-49

（9）推拧压肩

对方右手由左搂握我方颈部；我方以左手上托握住对方右肘，同时缩身低头向左由对方右臂下钻出。我方右手顺势将抓其右手腕并向内拧，同时左肘下压对方右肩，对方必前俯被擒；对方欲向后挣脱，我方右手顺势从对方右腋下上穿封喉，随即左掌拍击对方裆部。

（10）脱腕顶胸

我方右手腕被对方双手紧抓握；我方将左手从对方两臂中间插入抓握自己右拳拳面，上搬右小臂，右臂乘势沉肘上抬，即可解脱；随之上步进身，用右肘尖顶击对方胸部，继之用左手食指、中指插击对方双眼，也可用左掌根推击对方下颌。

（11）拉臂侧摔

对方由后用右臂锁住我方喉部，左手向后拉我方左手腕时，我方迅速用右手抓拉对方右小臂（见图 2-50、图 2-51）；我方左脚向对方腿后撤步并靠牢，以腰为轴向左转身的同时，左臂向后下外拨对方身体，将对方摔倒（见图 2-52、图 2-53）。

图 2-50

图 2-51

图 2-52

图 2-53

（12）拧颈顶裆

对方正面双手搂抱我方腰部（见图 2-54）；我方右手扳对方后脑向怀里猛带，左手同时推按对方下颏，双手合力拧转对方头部，即可解脱（见图 2-55）；我方随即抬左膝向斜上顶击对方小腹或裆部，使其失去抵抗能力（见图 2-56）。

图 2-54

图 2-55

图 2-56

（13）掐喉勾踢

当对方用右拳击打我方头部，我方迅速用左臂外架，顺势捋抓住对方右臂，左脚前迈，并紧贴住对方右腿，同时右手前伸，欲用掐喉拿将对方拿住；对方用左手托我方右肘部用力向我方嘴部推按，欲用推肘拿将我方拿住；我方迅速改用左手抓握住对方左前臂用力向斜下方领拉，右手用力击打对方右侧背部，同时左脚向回勾踢，将对方摔倒。

（14）抓颈顶裆

对方正面两手掐我方颈喉部，我方立即向后撤右步，双臂屈肘上抬，两小臂从里向外格挡对方小臂（见图2-57）；我方顺势两手变掌砍抓对方颈部（见图2-58）；我方随即两手抓握对方后颈部，用力回抓，同时屈抬右膝向前上顶击对方小腹或裆部，使其失去抵抗能力（见图2-59）。

图 2-57

图 2-58

图 2-59

（15）分手撞击

我方双腕被对方抓握。我方两臂微内旋向下伸，向左右分开。右脚向前上半步，同时头部前额向对方面部撞击；对方后仰，我方趁势右脚进步，以右肩为力点冲撞对方胸部，顺势右手背撩击对方裆部。

（16）别肘压肩

双方对面相向行走或对方出右拳向我方击打，我方左手迅速抓握对方右手腕的同时，右小臂由下向上挑起，穿过对方右臂，同时上左脚，身体迅速右转；上动不停，我方左手上推对方右手腕同时，右臂拉别对方右臂肘部，随转体右手迅速按压其右肩部。

（二）摔跤

1. 摔跤基本概况分析

两人直接接触、互相搂抱或抓握着，把对方摔倒的一种对抗性运动，就是所谓的摔跤。古代的摔跤是了与社会生活的需要相适应而逐渐产生的。中国摔跤运动是民族形式的体育项目，摔跤运动早在两千多年前就在中国出现了，因此，有着悠久的历史。

当前，摔跤运动已经在世界范围内得到了较为广泛的传播，并且其具体的形式达到了三十多种。根据不同的分类依据，可以将其分为不同的类型。具体来说，以运动员比赛服装、允许使用的动作、决定胜负的标准等特点为主要依据，可将摔跤分为六大类：第一，是手脚使绊的站立摔跤，中国式摔跤、日本相扑是比较有代表性的；第二，是用腿使绊，不准抓握下肢的站立摔跤，蒙古摔跤是比较典型的；第三，是不准用腿使绊、不准抓握下肢的站立摔跤，中国的藏族摔跤比较有代表性；第四，是手脚使绊和运用反关节技术的站立以及跪撑摔跤，日本柔道是这一类的典型；第五，是手脚使绊的站立和跪撑式摔跤，自由式摔跤、中国云南撒尼族摔跤和伊朗摔跤是比较有代表性的；第六，是只准用手抱对方腰以上部分，但不准用腿使绊、不准抓握下肢的站立和跪撑式摔跤，古典式摔跤比较典型。

在现代奥运会比赛上，已经有了摔跤的比赛项目。国际摔跤的项目主要有两种类型，一种是只许用手臂握抱对方的头、颈、躯干和上肢，不许握抱对方下肢和用腿使绊的古典式摔跤；另一种是比较自由一些，不仅可以使用古典式动作，而且可以抱腿和用腿使绊的自由式摔跤。由此可以看出，摔跤运动已经在现代社会中有了较为广泛的发展，并且有着更为广阔的发展空间。

摔跤运功具有较为显著的防身自卫功能、强身健体功能以及塑造良好品质功能，因此，经常进行摔跤锻炼，能够使人体的力量、速度、耐力、灵敏等身体素质以及内脏器官机能得到改善和提高。除此之外，还能够有效培养练习者各个方面的意志品质，从而达到身心全面发展的目的。

2. 摔跤的基本技术分析

（1）基本姿势

摔跤运动的基本姿势主要有两种，一种是站立姿势；另一种是跪撑姿势。

①站立姿势。摔跤运动基本站立姿势（也称实战姿势）：运动者一脚站于另一脚的斜前方，两脚之间的距离约为一脚宽，两膝微屈，上体略前倾，两肘贴紧肋部，前臂向前伸

出，尽量使身体重心平均分配在两腿上。

以运动者双脚放置的位置为依据，可以将查华丽姿势分为三种：一种是两脚在一条直线上开立的平行站立；另一种是从平行站立开始把左脚向前迈一步，即左脚在前右脚在后的左式站立；还有一种是从平行站立开始把右脚向前迈一步，即右脚在前左脚在后的右式站立。

以重心的高低为依据进行划分，可以将站立姿势分为两种：一种是运动者站立时，重心较高，两腿几乎伸直的高站立；另一种是运动者站立时，膝关节屈曲，重心较低的低站立。

②跪撑姿势。运动者两膝跪在垫子上，两手撑垫，两膝间距离大约与肩同宽，足尖撑地，两手间距离略宽于肩，手与膝肩的距离不得小于20厘米，两脚不得交叉。

（2）抓握方式

在抓握对手时，摔跤运动者除单手的正常抓握外，两手的联合（搭扣）主要有三种方式：一种是两手掌心相对，手指相对并互握；另一种是一手握住另一手腕处或小臂；还有一种是一手放在另一手上，掌心相接触。

（3）步法移动

在摔跤比赛中双方攻防动作变化快，这使摔跤运动者不可能保持静止姿势，必须不停地进行步法移动，随时调整与对手的距离，从而捕捉和寻找适宜的进攻机会及阻止对手的进攻。摔跤的基本移动步法主要有以下几种。

①上步：运动者平行站立，左（右）脚先向前迈出一步。

②跟步：在上步的基础上右（左）脚立即再上一步。

③后撤步：运动者平行站立，左（右）脚向后撤一步或双脚同时后撤一步。

④背步：双方均平行站立，一方右脚先上步至对方右脚前，然后左脚从自己右脚跟后上步至对方左脚前，同时身体左后转，背对对方，重心保持平稳或下降，左脚即为背步。

需要注意的是，为了保证步法移动的质量以及对技法产生的良好影响，在进行步法移动时，要遵循一定的原则，具体表现在以下几方面：第一，要以滑步为主，尽量不使用交叉步；第二，第二，要先移动要移动方向的腿，向左移动，先动左腿，向右移动，先动右腿，向前移动，先动前腿，向后移动，先动后腿；第三，两脚的距离不能过宽或过窄，身体不要过于前倾或后仰；第四，移动时不要抬脚过高。

3. 摔跤的实用技法练习

（1）转移技术

①握颈潜入转移。甲乙互相搭扣锁颈，或甲右手握乙颈部，左手插捧，乙用右臂锁甲左肩时，甲用左臂上架住乙右臂，右手向右下方拉乙颈部，同时上左脚于乙右脚后，头从乙右腋下潜入，左手握抱乙腰部，迫使乙成跪撑，转移到乙身后把持住。

防守与反攻：甲使用此技术时，乙用力搭扣锁甲颈部，使乙不能下潜或尽量避免与甲互相搭扣。

②绊腿接臂转移。技术动作双方右势站立，甲左手抓乙右手腕处，用右手抓乙左上臂内侧，并向自己右下方用力，同时右脚上步于乙两脚之间靠近乙右脚内侧，以右脚为轴，身体右转，上左步于乙右脚后，左手换抱乙腰部，右手继续向右后下方用力拉，整个身体向右后方下倒，右腿绊住乙右腿，迫使乙成跪撑状态。甲在乙身后把持住。

防守与反攻：甲使用绊腿接臂转移时，乙用右手反抓握甲右臂，同时身体尽量不左转，借甲后倒之势，身体向下压，并用腿勾绊甲右腿，使甲后倒失分。

③接臂转移。双方以右实战姿势组合。甲左手抓乙右手腕处，用右手从里抓握乙右上臂，并向自己右下方用力拉，同时右脚上步于乙右脚内侧，以右脚为轴，上左步于乙右脚后，左手换抱乙腰部，右手迅速与左手搭扣环抱乙腰，准备使用抱腰过胸摔等其他动作；或是右手继续向右后下方用力拉，整个身体向右后方倒，迫使乙成跪撑状态，甲在乙上面把持住（见图2-60）。

防守与反攻：甲使用接臂转移时，乙背左步，左手握住甲手腕处，右肩插入甲右腋下，降低重心，变成"单臂背"，将甲从背上摔出。

图 2-60

④抱单腿转移。甲乙右势站立，甲上右步于乙两脚之间，头部紧贴乙右腹部，双手抱住乙右大腿，右脚上步于乙右腿外侧，同时向右甩头并向右转体，右手换抱乙腰部，将乙转移成俯撑状态并在后把持住。

防守与反攻：当甲抱腿时，乙向后蹬右腿，身体下压或用右腋下压甲头颈迫使甲放弃进攻；乙采用抱肩颈滚或向后翻技术；乙用右腋下压甲头颈并转移至甲身后把持；乙转体使用腿挑动作。

⑤推臂潜入转移。以右实战姿势组合。趁乙向前顶的时机甲身体突然下降，同时左手推乙右上臂，右手抱乙左侧腰部向自己身体方向拉，头潜入到乙右腋下，同时上左步于乙右脚后，左手换抱乙腰部，从后面将乙把持住。迫使乙成跪撑状态。

防守与反攻：甲使用此技术时，乙迅速降低重心，下压被推起的臂阻止甲的进攻。

⑥后倒背转移。甲乙互相插棒，甲用左臂夹住乙右前臂于左腋下，上左步于乙右脚外侧，同时右脚上步于乙右脚外侧（位于自己左脚内侧），右手从乙右腋下插入并环抱乙右上臂，身体向后倒（挺胸）并向左转体，迫使乙成跪撑。甲左手换抱乙腰部，头从乙右腋下抽出，把持住乙。

防守与反攻：当甲后倒时，乙右臂用力下压甲胸部，倒地后尽力抽臂并移动身体，阻止甲的抱腰动作。

（2）跪撑技术

①正抱提过胸摔。乙跪撑姿势（或俯撑），甲在后面抱住乙腰部，左脚置于乙两脚之间，右脚置于乙右腿外侧，然后甲向上抱提乙腰部，将乙整个身体提起，同时甲左腿从乙两腿之间迈出落下，同时发力蹬腿挺髋，身体转向左后方，成过胸摔将乙摔倒。

防守与反攻：当甲向上抱提时，乙突然性向前后左右方向移动，并尽量将两腿放在甲两腿之间，破坏甲的动作。

②后抱腰滚桥翻。乙跪撑姿势，甲在后面抱住乙腰部。甲将右腿放在乙右腿外侧，并将右腹紧靠乙右臀部，两臂抱紧乙腰部，右侧脸部贴在乙的背上，用右肩突然向乙右肩处发力并挤压乙右肩，使乙随着自己向右前方滚去，在甲的头部着地时，两脚撑地，并向头部方向蹬腿、挺腹、挺髋成桥，将乙滚翻过去并控制住。

防守与反攻：乙将四肢打开，用力支撑，使甲不能滚动。乙不停地爬动和移动，使甲不能滚动。

③夹双臂滚。甲跪撑姿势，乙在甲头前抱住甲的腰部。甲双手分别握住乙两手腕，双臂夹住乙双臂，同时身体稍起将右腿向身体左侧迈出，身体向右后方滚压，挺胸蹬腿，

成桥将乙翻转过去并控制住（见图 2-61）。

防守与反攻：乙开始时将甲压迫成俯撑状态。

图 2-61

④骑缠握下腭翻。乙俯撑姿势，甲在乙身后把持住，用右手握住乙左脚腕上拉，用两腿夹住乙左大腿并搭扣，并向前挤压乙腰背部，身体带动乙向右侧滚动，同时用左手扣住乙下颚向右拉，将乙向右侧翻转过去并控制住。

防守与反攻：乙不停地移动，使甲两腿不能夹住乙左大腿。

⑤反抱大腿翻。乙跪撑姿势，甲跪立于乙身体左侧，用身体左侧压住乙上体，右手从下穿过乙右大腿和左手在乙裆中搭扣，将右腿插入乙左大腿下，用双手向上提乙右腿，同时继续用左上臂和身体左侧压乙上体，蹬腿挺髋，向左后方侧倒，将乙翻转过去。

防守与反攻：乙左腿向左侧蹬出，横跨在甲身上。

⑥杠杆握颈翻。乙跪撑姿势，甲在后面抱住乙腰部。在控制住乙的前提下，用左前臂压住乙颈部，右手从乙右腋下穿过并握住自己的左前臂，然后左前臂用力向下压乙头颈，右前臂为杠杆向上用力撬乙右上臂，使乙向前翻过去，并控制住乙。

防守与反攻：乙的头部向右侧倒，不让甲从腋下伸进右手。用右手脱下甲的左臂。

⑦反抱躯干翻。乙跪撑姿势（或俯撑），甲在后面抱住乙腰部。然后甲身体移向乙左侧，左膝跪垫，右腿立着（或两膝均跪垫），用膝顶住乙左侧躯干，双手反抱乙腰部，然后双臂用力向上抱提乙腰部，同时用身体左侧压住乙左侧上体，蹬腿、挺腹、抬头，将乙向自己的左后方向翻转过去（见图 2-62）。

防守与反攻：乙突然性地向前移动，破坏甲的动作。

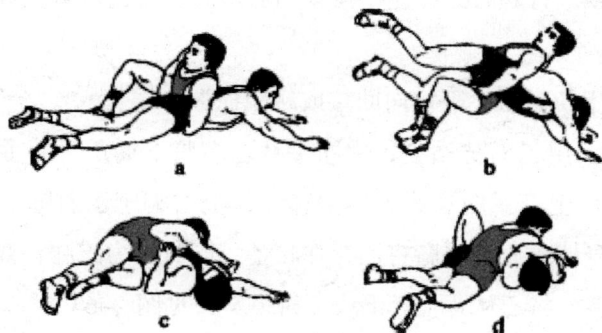

图 2-62

⑧侧面双手搭扣翻。乙跪撑姿势，甲跪立于乙身体左侧，右臂抱起乙左腿放在自己右腿上，左手从乙头颈右侧向下伸，身体向前挤压，两手在乙两腿之间搭扣，同时身体继续向自己的左后方压倒，左肩着垫，蹬腿挺髋，双手向左后方向用力，将乙翻转过去，并使其双肩着地。

防守与反攻：乙两腿用力向后蹬，或用手臂阻止甲左手的伸进和搭扣。

⑨前抱肩颈拉掀翻。乙跪撑姿势，甲从乙头前抱住乙肩颈并用上体下压乙头颈，甲右膝跪地，左脚撑地，右手从乙左腋下穿过放在乙背上，同时左手向下拉住乙右臂，右手臂向自己的左上方掀乙左臂，身体配合向左后方向转动，并用胸挤压乙左侧头颈，将乙翻转过去并控制住。

防守与反攻：乙两手搭扣，右腿向右蹬垫，不让甲右臂掀起。当甲使用此技术时，乙使用夹双臂滚技术反攻。

（3）过背摔法

①握颈和臂过背摔。甲乙右势站立，甲左臂将乙右臂夹在腋下（或用左手握乙右臂），右手臂握乙颈部，上左步于乙左脚前，左脚背步于乙左脚前，转体填腰，降低身体重心，屈膝将乙背在腰上，伸膝蹬双腿，提腰，背起对方，同时左手向下夹压乙颈部，左手拉，向左甩脸，将乙从背上摔出，并控制住乙于垫上。

防守与反攻：当甲转体时，乙身体下沉，抬头挺髋，同时两手抱甲腰部，蹬腿将甲抱起并向侧或向后摔倒。

②握同名臂和躯干过背摔。甲乙右势站立，甲开始时先用右手握乙的右手腕向自己的右侧拉，并快速换左手握乙的左前臂继续向自己的右侧拉，同时上右步于乙的右脚前，背右脚于乙的右脚前，用右手抱乙的腰，转体填腰，降低身体重心，屈膝将乙背在腰

上，伸膝蹬双腿、提腰，背起对方，左手拉，向右甩脸，将乙从背上摔出，并控制住乙于垫上。

防守与反攻：在甲拉时右手阻抗向回拉或解脱抓握。

③抱肩颈过背摔。甲乙右势站立，甲左手从乙右腋下插入，右手从乙颈部左侧圈住乙头颈并与左手搭扣，甲双手向右后方向引移乙，上右脚于乙右脚前，背左步于乙左脚前，转体填腰，降低身体重心，屈膝将乙背在腰上，同时发力蹬腿，双手向下压，向左甩脸，上体前倾并向左转，将乙从背上摔倒成压桥姿势（见图2-63）。

防守与反攻：在甲要作动作前，乙先抢先一步转体使用抱肩颈过背摔，迫使甲防守并放弃抱肩颈搭扣。

图 2-63

④握臂和躯干过背摔。甲乙右势站立，甲左手握抱乙右臂（或用左臂将乙右臂夹在腋下），上右脚于乙右脚前，背左步于乙左脚前，同时右手从乙左腋下穿出扶在乙的后背部，转体填腰，降低身体重心，屈膝将乙背在腰上，同时发力蹬双腿（伸膝、提腰），左手拉，右手向上捧，上体前倾，向左甩脸，将乙从背上摔出并控制乙于垫上。

防守与反攻：当甲转体时，乙身体下沉，抬头挺髋，同时两手抱甲腰部，蹬腿将甲抱起并向后或向侧摔倒。

（4）过肩摔法

①钻扛向侧摔。甲左势站立，乙右势站立。甲快速用右手抓握住乙右手腕从胸前拉向自己的右侧，用左臂圈住乙右上臂，并用右侧脸部贴紧乙右胸部，身体先右转，用胸部挤压乙右臂，乙为了不随自己转动，往往会向后挣，甲趁机降低身体重心，右膝跪地，头部潜入乙右腋下，身体快速向左侧方向倒下，用头部紧紧顶住乙右胸部，将乙摔倒在自己身体左侧并控制住乙。

防守与反攻：甲潜入时，乙快速下降身体重心，同时向后下方夹臂而阻止甲的进攻；甲潜入腋下时，乙双腿后撤，右腋向下压迫甲头颈变前抱肩颈滚桥或转移。

②握臂过肩摔。甲乙右势站立，甲用右臂将乙右臂夹在自己右腋下（或右手握住乙左上臂），上右步于乙右脚前，背右步于乙右脚前（或乙的两脚之间），同时转体屈膝，降低身体重心，右肩插于乙右腋下，将身体贴紧对方，上体前倾，双臂向下拉，向右甩脸，发力蹬双腿，将乙从肩上摔过成压桥状态。

防守与反攻：使用侧面抱躯干摔来反攻。当甲将右肩插于乙右腋下时，乙用力阻抗并用右手抱住甲腰，与右手搭扣将甲抱起向后摔。当甲插肩时，乙可使用接臂转移或身体下沉，阻止甲插肩并向右下方压，迫使乙放弃单臂背。

③抱单臂挑。甲乙右势站立，互相插捧，甲先用左臂将乙右臂夹在自己左腋下，上左步于乙右脚外侧，同时用右臂从乙右腋下插入并上夹住乙右上臂，上右腿从外侧别在乙的右大腿后面，身体向右前下方用力，向左侧转体甩脸，右腿向后上方挑腿，使整个身体向下压乙单臂，使乙向后摔倒成仰卧姿势（见图2-64）。

防守与反攻：当甲出腿别乙时，乙先用力转髋回顶，缓解甲的力量，再使用抱单臂挑摔反攻甲。

图 2-64

④钻扛向后摔。甲左势站立，乙右势站立。甲快速用右手抓握住乙右手腕从胸前拉向自己的右侧，用左臂圈住乙右上臂，并用右侧脸部贴紧乙右胸部，身体先右转，用胸部压挤乙右臂。乙为了不随甲转动，往往会向后挣，甲趁机降低身体重心，右膝跪地，头部潜入乙右腋下，用右臂抱住乙腰，身体先向上再向左后方倒下，将乙摔倒在自己身后并控制住乙。

防守与反攻：甲潜入时，乙快速下降身体重心，同时向后下方夹臂而阻止甲的进攻。

甲潜入腋下时，乙双腿后撤，右腋向下压迫甲头颈变前抱肩颈滚桥或转移。

（5）过胸摔法

①捧臂过胸摔。甲乙右势互相插捧，甲用左臂将乙的右臂夹在左腋下，用右臂从乙左腋下插出并向上捧，同时甲上右步于乙两脚之间，左脚上步于乙右脚外侧，两膝微屈，右臂猛力向上捧，同时甲主动后倒，两腿蹬地发力，用右侧腹部撞击乙腹部，抬头向左侧后仰挺髋、挺胸、甩脸，发力将乙两脚捧离地面时向右过胸将乙摔倒。

防守与反攻：乙重心下降，身体向后挣脱甲的捧臂。乙双手环抱甲腰，乘甲主动后倒时，乙身体迅速下沉，顺势变抱腰折反攻。

②后抱腰过胸摔。甲利用接臂转移或潜入转移之机转到乙身后抱住乙腰，两膝微屈，降低身体重心，两臂勒紧乙腰部，甲主动后倒，同时两腿蹬地发力，用腹部撞击乙臀部，后仰抬头挺胸、挺腹，将乙仰面摔倒（见图2-65）。

防守与反攻：甲要利用接臂转移或潜入转移时，破坏甲的动作使甲不能绕到乙的身后。甲绕到乙的身后时，乙要快速降低身体重心，趴在垫上。

图 2-65

③侧面抱躯干过胸摔。甲乙右势站立，先用右手握乙左手腕，用左手换握乙左上臂并向自己左侧方向拉，同时右脚上步于乙的左脚后，从乙身体左侧用两手臂将乙左臂和躯干一同抱住，屈膝并发力蹬腿，挺腹后仰，向右后方后倒（成桥），将乙向后摔倒。

防守与反攻：乙迅速用左手握紧甲的左臂并向前折，趁势转体使用单臂背技术摔倒甲。

④正抱躯干过胸摔。甲乙右势站立，甲乙互相搂抱对方肩颈，甲上右步于乙两脚之

间，左脚跟步（或左脚上步于乙右脚外侧），两膝微屈，两臂勒紧乙上体并将乙的左臂抱住，然后甲主动后倒，同时两腿蹬地发力，用腹部撞击乙腹部，抬头后仰挺胸，当甲后脑部快要着地时，向左转体将乙摔倒在垫上并控制住。

防守与反攻：当甲要使用此技术时，乙也可提前使用正抱躯干过胸摔进行反攻。甲主动后倒时，乙身体迅速下沉，顺势变抱腰折反攻。

⑤锁双臂过胸摔。甲乙互相插捧，甲让乙用双手环抱住自己胸部，甲趁机用双臂从其外侧经腋下插入其胸前用双臂锁夹乙双臂，自己两手可搭扣，上右步于乙两脚之间，左脚跟步（或左脚上步于乙右脚外侧），两膝微屈，紧接着主动后倒，同时两腿蹬地发力，用腹部撞击乙腹部，抬头后仰挺胸，当甲后脑部快要着地时，向左转体将乙摔倒。

防守与反攻：在甲使用此技术时，乙要迅速降低身体重心，并挣脱掉甲双臂的夹抱。另外，乙可使用抱腰折技术反攻甲。

（6）抱折摔法

①抱单臂折。甲乙右势站立，互相插捧，甲用左臂将乙右臂夹在自己左腋下，用右手换握乙右上臂，成两手握抱乙右臂，然后向右后方用力引牵乙（目的使乙向甲的右后方移动），双手突然向左前下方用力，使整个身体向下折乙单臂，使乙来不及调整身体重心而向后摔倒成仰卧姿势。

防守与反攻：当甲使用抱单臂折时，乙一方面尽量保持身体重心；另一方面用另一只手环抱甲腰部，使用接臂转移。

②抱腰折。甲乙右势站立，互相插捧，甲右臂插进乙左腋下向上捧，身体突然向下沉，左手插进乙右腋下并与右手搭扣（或从外将乙左臂一起抱住），上右步于乙两脚之间，左脚跟步，将右侧脸部紧贴乙的胸腹部，两臂环抱乙腰部并用力向前勒腰，头向前下方用力，将乙折成仰卧（见图 2-66）。

防守与反攻：当甲抱腰时，乙快速降低身体重心，同时转体使用夹颈背摔。当甲抱腰时，乙立即使用抱单臂过胸摔。

图 2-66

（7）抱绊腿摔法

①外抱臂绊腿摔。甲乙右势站立，甲快速用右手抓握住乙右手腕从胸前拉向自己的右侧，用左臂圈住乙右上臂，并用右侧脸部贴紧乙右胸部，身体先右转，用胸部压挤乙右臂，乙为了不随甲转动，往往会向后挣，甲趁机将左脚放在乙右脚跟后，身体快速向左后方向转动，用头部紧紧顶住乙右胸部，身体向左侧倒，带乙一起转动，将乙摔倒并控制住乙。

防守与反攻：当甲拉乙右手时，乙用左手反抓甲右手，挣脱掉乙的抓握。

②搂腰扫腿摔。甲乙右势站立，互相插棒，甲上右脚于乙两脚间，将乙右臂圈在内并使自己两手搭扣，两臂勒紧的同时用左腿从外向内横扫乙右腿，将乙摔倒。

防守与反攻：乙身体向后，两臂前顶，挣脱甲的搂抱。

③抱单腿压摔。甲乙右势站立，甲上右步于乙两腿之间，左脚跟步，双手握抱乙左大腿向上提拉，左脚向右后方撤步，左手下滑握抱乙左脚跟，身体向左侧侧倒，用肩向下压对方膝部，使得身体向左侧倒下，将乙压倒。

防守与反攻：被抱住腿后，乙转身蹬腿逃脱。在甲抱腿枕压时，乙左转身体同时左腿骑于甲身上。

④握颈扣异名腿摔。甲乙右势站立，右手互握颈，甲右手突然向下拉乙颈部，同时身体下沉，上右步，左手握住乙右脚跟，左脚跟步，右手向自己的左前下方猛推，左手向自己的右侧拉，身体向左侧挤压，使乙倒向左侧。

防守与反攻：在甲下拉扣腿时，乙快速降低身体重心，同时向后蹬右腿。

⑤抱双腿前摔。甲乙右势站立，甲上右步于乙两腿之间，左脚跟步，同时两臂分别插向乙的左右大腿外侧，并环抱乙腿部，同时胸部与乙的腿部贴紧，向上扛起乙，两臂环抱紧乙两腿，身体左转，向左前屈体和两膝弯曲，向下摔倒乙。在乙仰面倒下的同时，甲向乙左侧移动，而两手抱甲左腿继续向上提拉，使乙双肩着垫（见图2-67）。

防守与反攻：当甲抱双腿时，乙向后蹬双腿，同时身体向下压甲，迫使甲放弃。

图 2-67

⑥穿腿前摔。甲右势站立，左手紧握乙右上臂（或用左臂向上架起乙的右臂），上右步于乙两腿之间，左脚跟步（也可屈膝跪地），同时左手向左后下方拉乙右臂，头潜入乙右腋下，右手从乙两腿中穿过抱住乙右大腿根处并向上撩，蹬两腿，低头将乙摔在自己身体的前方。

防守与反攻：当甲钻进时，乙及时后撤腿，同时身体向下压。

⑦夹颈挑。甲乙右势站立，甲左臂将乙右臂夹在腋下（或用左手握乙右臂），右手（臂）握乙颈部，上右步于乙右脚前，左脚背步于乙左脚前，转体填腰，降低身体重心，将右腿放在乙右腿外侧，同时右手向下夹压乙颈部，左手拉，向左甩脸，右腿上挑乙右腿，身体向左前方转动将乙摔出，并控制住乙于垫上。

防守与反攻：当甲转体时，乙身体下沉，抬头挺髋，同时两手抱甲腰部，蹬腿将甲抱起并向侧或向后摔倒。

⑧内勾腿摔。甲乙互相插捧，甲双手用力向自己方向拉乙，同时右腿从乙两腿内侧向外勾乙左腿，同时上体向前撞击乙胸腹部，将乙摔倒在垫子上。

防守与反攻：身体前压，乙向后快速后撤左腿。当甲伸右腿从内侧勾乙时，乙用左腿从外侧勾住甲右腿，并向左前方压扭。

第三节　我国乡村少数民族传统体育的特点及功能

一、乡村少数民族传统体育的特点

（一）传统性

乡村少数民族传统体育在继承和发展中应当遵循传统的方法。尽管在其发展演变过程中经历了各种变化、或被扬弃或丰富，但其最基本的特点仍然被保持着，如健身性与娱乐性，这同时也是我国乡村少数民族传统体育能保持长久生命力的一个重要原因。在长期的发展过程中，乡村少数民族传统体育运动，不管其运动规则、运动方式和运动效果，都是经过人们的长期经验积累，并最终总结出来的。因而，传统性的特点，是乡村少数民族传统体育项目的生命力所在。

（二）地域性

对于那些处于不同区域的乡村少数民族传统体育来说，其无论是在地域构成、价值观念还是在审美情趣等方面，都会收到本地文化因素的制约。因此可以说，在不同的民族、文化、地理环境、自然条件的影响下，所产生的体育项目也会具有明显的地域特色。如江南竞渡、北国冰嬉、大漠赛驼、山地竞走、草原骑射、丛林射箭等，都有着明显的地方特色。通过这种方式，实际上也会将处于不同环境下，不同地理条件下的乡村少数民族所具有的产生和生活习惯，包括当地所具有的风俗习惯，一并被延续到了现在。因此，在一定程度上可以说，我国乡村少数民族传统体育活动所包含的内容和形式，也同样体现了地域性的特征。

（三）整合性

个人，无论在大自然、野兽还是其他群体面前，都是非常脆弱的。长期以来，人类的生存和发展都依赖于集体，而整体是将不同个体联系起来的纽带。民族体育的共性，常常把同一民族、同一地域的民众聚集在一块儿，从而形成一种天然的认同与亲近性，因此，在我国乡村少数民族的传统体育中，有着显著的综合作用。比如，景颇族"目脑纵戈"、傣族泼水节上的"嘎光"等，人们集体行动，整齐划一，提高了集体的集体意识，认同感和民族凝聚力。而赛马、斗牛、摔跤、龙舟等，则大多由乡村为单位组成的，选手们不但要有较强的竞技精神，更要有团队精神。乡村少数民族传统体育的整合性特点，就决定了其在乡村少数民族的教育中起着举足轻重的作用。

（四）民族性

我国乡村少数民族传统体育活动通常是一个民族或一个民族地区的体育运动项目。毫无疑问，其与当代的竞技体育和国际流行的体育项目间有很大的区别。所谓"民族性"，是指那些能够体现出这种体育运动项目的民族所具有的群体性格。在几十年、几百年甚至是几千年的历史长河中，很多民族的传统体育项目都在与其他民族的体育活动相融合。但在最初的发展中，却一直保持着它自身的民族印记。这些传统的民族运动在很长一段时间内普遍存在着，这些民族的文化与个性是互相影响的，并影响着这些民族的传统体育运动项目。比如，藏族赛牦牛、白族霸王鞭、纳西族的东巴跳、傣族的孔雀拳、蒙古族的"搏克"、维吾尔族的"打斗"、彝族的"格斗"、藏族的"北嘎"、回族的"绊跤"等，这些都是少数民族的摔跤比赛，但无论是在竞赛形式还是在风格上，都有很大的区别。

（五）文化亲和性

乡村少数民族传统体育运动是一种具有很强的群众性体育活动。其原因主要表现在三方面：首先，民族传统体育是各个民族在长期的社会活动和生产活动中创造、遵循、维护和实践的一种体育锻炼方式。尽管经历了漫长的发展、演变和丰富，但其本质属性和健身作用仍保持着很大程度的稳定性，因此，其在广大群众中得到了广泛的认同、接受和参与，并得到了长期的传播和传承，并在群众中逐渐建立起稳固的群众基础。其次，民族传统体育是各个民族长期生产生活实践的产物，它的健身特征与人们的生产生活息息相关。这就客观地促使人民去接受和适应。再次，"土生土长"的各种传统体育项目，是各族人民自己创造出来的。因为其具有很强的民族性，与人们的生活生产息息相关，加之其运动方法简单，男女平等，在各个族群中都能形成一种普遍的运动习惯，所以，这种运动被各民族广泛地接纳，并成为人们的一项重要体育活动，也是各个民族在劳动和节日活动中不可或缺的一种健身形式。在人的日常生活和休闲活动日益丰富的今天，这种传统的体育运动方式越来越受到人们的重视，乡村少数民族传统体育项目也将越来越受欢迎。

二、乡村少数民族传统体育的功能

（一）政治功能

体育与政治具有一种内在的联系性，并且这种联系是客观的。在扞卫祖国主权、民族尊严等问题上，乡村少数民族传统体育表现出了强烈的政治姿态，对弘扬民族自强不息、爱国热情等方面，具有重要的政治意义。当前世界，民族问题是一个全球性的问题，在很多国家都在为民族问题而争吵和战争的过程中，我们却是唯一一个"风景这边独好"的国家。乡村少数民族传统体育作为一种具有中国特色的体育活动，在其自身发展过程中所具有的政治内涵，是实现社会主义和谐社会、增强社会主义精神文明的一个重要内容。乡村少数民族传统体育运动的普及，体现了我国政治稳定，经济发展，文化繁荣，民族团结的良好态势。

（二）经济功能

体育运动与经济发展是相辅相成，互为补充的。体育发展带动了区域、民族和国家经济的发展，带动了各个行业的经济发展。随着我国体育事业的不断发展，体育器材制造业、体育休闲娱乐业、体育博彩业、体育旅游业等都得到了快速发展，成为体育产业的一重要组成部分。近些年，经过各族群众的辛勤劳动和政府的大力扶持，乡村少数民族传统体育项目得以迅速地恢复和发展。中国的乡村是少数民族传统体育开始受到全世界的关注和重视。同时，我国乡村少数民族传统体育更是为世人所瞩目，为世界体育增添了新的生机。乡村少数民族传统体育文化是伴随着商品经济的发展而发展起来的，其规模越来越大，所涉及的经营范围也越来越广，越来越活跃。乡村少数民族传统体育既是一种不可或缺的运动方式，同时又是一种促进社会整体经济和社会发展的重要力量。

（三）教育功能

据《中国古代教育史》记载，氏族公社的成员除了在生产实践中接受教育之外，还会在政治、经济、文化等方面接受相应的教育。一些乡村少数民族的传统体育项目，是从生产生活中产生的，然后通过运动的方式来教育下一代的生产生活技能，比如，傈僳族的溜索、拉祜族的弓箭、苗族的爬花棒等，这些都是教育后代生产和生存能力的重要方式。一些少数民族还注重通过祭祀、戒律、成人礼仪等方式来教导自己的子孙后代要敢于承担国家的繁荣昌盛的责任，比如，参加战争、保长卫幼、互帮互助、伦理道德等，培养人们优秀的精神品质和诚实、勇敢、坚毅等优良的民族精神品质。

（四）健身功能

在我国，乡村少数民族传统体育也是以身体运动为主要方式来进行的。在娱悦身心的活动中，承担着一定身体上的负担，从而使人们的身体素质得到提高，增强人们的体质，这是一个社会的发展和繁荣所必要的物质条件，也是一个国家赖以生存的重要保障。在长期的社会劳动生产实践中，各个民族逐渐形成了自己独特的体育运动方式和运动观念。比如，侗族的抢花炮、哈尼族的秋千、回族的打木球、藏族的押加、朝鲜族的跳板等，这些都对增强体质起到了很好的作用。通过参加这种运动，人们不但身体素质、体能机制都有所提高，心理素质也有所提高，并且在精神上得到了满足，不仅锤炼了意志，同时还促进了民族的身心健康。从这一层面上说，健身功能应当被看作乡村少数民族传统体育的本质功能。

（五）竞技功能

在当代人类的发展中，竞争是一个重要的主题。世界上的国家不仅在政治、经济、科技、军事上展开了激烈的竞争，而且也十分注重在体育领域的竞赛，比较民族的体力、智力和国力，在全球范围内建立民族的形象。纵观全国各乡村少数民族的传统体育，其项目种类众多。根据相关数据现实，已达上千种，各种类型的体育运动，各具民族特点。有些体育项目民族特色比较鲜明，有些比较注重技术，有些则比较注重趣味。数量如此之多，如此之多的体育运动方式，实非当代运动所能相比。有很多传统体育运动项目，可以通过对其进行改进，增强其竞技性，完善比赛的规范性，使之成为一种能够被普及和推广的体育运动项目。像抢花炮、摔跤、射弩、龙舟、武术、陀螺、木球、押加、珍珠球、秋千、蹴球、高腿竞速、板鞋竞技等，都是经过不断地发展，成为我国少数民族传统体育赛事的正规比赛项目，并且成了能够被全国各族人民共同理解、乐于参与的体育竞赛项目。其中武术、摔跤、龙舟等运动，经过不断的改造和提高，已形成了比较完备的竞赛规程和判定体系，在未来很可能会成为奥运会的正式参赛项目。随着亚运会和东南亚运动会的发展，武术逐渐被列入奥运会的正规赛事，并逐渐完成了从民族传统体育项目转变为世界体育运动项目的过程。以民族特色和东方魅力为特色的乡村少数民族传统体育项目正在走上国际舞台。

（六）社交功能

我国乡村少数民族传统体育活动是一种群体性的社会活动，它能在特定的制度和道德规范的制约下，拓展人们社交活动的途径，促进了人与人之间的和谐交往。传统体育项目的开展，可以为不同民族间因地理环境、生活方式、文化传统而产生的障碍，为广大民众创造一个情感与文化沟通的传媒环境。乡村少数民族传统体育的开展有利于促进各民族间的友好往来，促进区域间的经济和文化的交流，加强民族团结，同时也为各族人民创造了较大的交际空间，在某种意义上满足了人们在社交、爱情和自我实现等方面的需求。各民族之间以民族传统体育的方式进行技艺、文化、思想的交换，促进了民族间的交流，对促进民族团结起到了重要的作用。

（七）娱乐功能

我国乡村少数民族传统体育活动因其自身所具有的深厚民族特色，从而成了一种极具娱乐性的运动。闲暇之余参加传统的体育运动项目，能让人心情舒畅，充实自己的社交和文化。它是人类生存、享受与发展的根本需求，是乡村少数民族传统体育活动得以发展和充实的动力来源。在很久以前，少数民族传统体育活动是居住在艰苦、偏远、闭塞的民族中的主要休闲娱乐、健身形式。很多活动，以彝族的跳乐、佤族的陀螺、德昂族的蔑弹弓、苗族的吹枪等为代表的，就是当地民族传统的休闲体育活动。乡村少数民族传统体育以其内容丰富多彩、民族特色浓厚而深受广大群众的青睐和关注。在乡村少数民族传统体育活动越来越受欢迎的今天，它所蕴含的趣味、娱乐特性等也越来越具有吸引力。

第三章

我国乡村少数民族传统体育文化的
多维分析

第一节 我国乡村少数民族传统体育文化的内涵解读

一、乡村少数民族传统体育的物质文化内涵

乡村少数民族传统体育的物质文化内涵主要包括以下几方面。

（一）中华民族传统体育项目

中华民族有着悠久的历史，而中华民族传统体育则是其宝贵的文化遗产。《中华民族传统体育志》中对民族传统体育的概况进行了记载：目前，有676条少数民族传统体育被发掘、发现；其中，汉族有301条，共计977条。在这些民族传统体育项目中，有很多已经走出国门，成为世界文化的一部分了；其中，龙舟、武术、气功、风筝等是比较典型的。

在各种条件的推动下，中华民族传统体育得到了不断地发展，这也使得更多的专家、学者都致力于中华民族传统体育的研究和论证，最终，得出了体育产生于人们的需要的重要结论。这方面，梁柱平和戴文忠先生的理论研究有着更高的价值。其中，梁柱平先生对民族传统体育的理解是："由于各民族所处的山川地理环境不同，从而形成了各民族的不同风俗习惯，产生了风格、形式各异的民族传统体育活动。"他认为，乡村少数民族传统体育是在民族中形成和产生的。而戴文忠先生对于乡村少数民族传统体育的理解在《云南少数民族传统体育的起源与发展》中有所体现："云南少数民族传统体育的起源有四：

（1）人与自然搏斗中产生的体育项目；（2）人与人搏斗中产生的体育项目；（3）宗教祭祀活动中产生的体育项目；（4）娱乐活动中产生的体育项目。"

需要强调的是，由于乡村少数民族传统体育都是在生产劳动中产生的，因此在人类的需要方面较为相似；但与此同时，各民族地理和生态环境也有一定的差异性，因此，这就使得是又表现出了一定的区域性。

（二）运动器材、器械设备

我国乡村少数民族传统体育项目有九百多种，其中，有不需要借助相关器械、器材的，也有一部分是需要器械、器材的，并且是相当一部分。刀、枪、弓、箭等是较为常见的需要借助的器械、器材，而且这些器械、器材都是在最初的生产劳动过程中产生并逐渐改进的，是历代人智慧的结果。通过对这些运动器材、器械的研究，能够将中华民族传统体育的文化内涵更好地反映出来。

作为世界上最早的人造飞行器，风筝是中国古代重要的发明之一，受到广大人民的喜爱。放风筝作为一种大众化的民族传统体育，在中国极为普遍，其中，北京、天津和潍坊的风筝是最具特色、最具代表性的。北京风筝中最为出名的是金氏风筝和哈氏风筝，两者的做工和缝合完全不同，其中，前者造型雄伟，画工粗犷，后者骨架精巧，画工素整。天津风筝中魏元泰和周树泰做的风筝最好。这两个人做的风筝都受到广大人民的喜爱，但是两者的特色却大为不同；其中，魏元泰做的风筝以精巧别致、生动优美见长；而周树泰则以"三百梅花竹眼硬膀蝴蝶"和汉字风筝最为具有代表性。这二人都为风筝艺术做出了贡献。潍坊风筝的特点则主要表现为工艺精巧，浑厚淡雅，并且样式结构和种类繁多，鸟兽鱼虫、花卉草木、人物百戏，皆为风筝，受到人们的喜爱。

（三）出土文物、壁画及民族服饰

由于乡村少数民族传统体育是从早期的生产劳动中发源的，关于民族传统体育的记载，在语言和文字出现之前，并且几乎都是通过简单的线条、人物简画进行的，因此，各种陶瓷制品及建筑壁画中都对各民族早期的民族传统体育有一定的记载。由此可以得出，出土文物、壁画是人们早期活动的一个佐证，也具有较高的研究参考价值。其中，中国科学院考古研究所于 1953 年在西安半坡村北"半坡遗址"内发现"石球"最具有代表性，由此可以看出，"石球"游戏早在母系氏族社会时期就已经出现了，这也充分证明了蹴鞠活动起源于原始社会后期的观点。另外，在河南洛阳出土发掘的大量文物，帮助人们对古代投掷运动的发展有更好的了解，有着非常重要的意义。

由于在各民族的盛大节日里，人们都要盛装出席，因此，民族服饰也与民族传统体育联系在了一起，成为体育文化的一部分，民族服饰属于服饰文化。民族服饰也成为各民族一道特殊的亮丽风景线，格外引人注目。

（四）民族传统体育的文献典籍

文字的出现，为人类文化的传播与发展做出了巨大贡献，现在，我们对民族传统体育的了解和认识，也往往是参照各种文献典籍而实现的，可以说，这是我们研究民族传统体育的主要方法，就是所谓的文献资料法。不同时期的文献记载，都将当时乡村少数民族传统体育发展的概况充分反映了出来。

古代的文献典籍有很多，不同时期都有记载不同内容的文献资料。其中，最早的是记载乐舞和射、御的考核内容的《周礼》。通过记载蹴鞠竞赛与训练的《蹴鞠》25篇，让后人在一定程度上了解了当时的体育运动情形。东汉人李尤则在《鞠城铭》中将竞赛的场地规则等方面的内容记载了下来。齐梁间的文献典籍以民族传统体育文化为主，其中，孙思邈的《千金要方》《千金翼方》《保生铭》，陶弘景的《养性延命录》《导引养生图》等是比较具有代表性的。明代汪云程在《蹴鞠图谱》全书21节中，就详细介绍了蹴鞠活动的竞赛规则、技术名称、技术要领、场地器材、球戏术语等内容，有着非常高的参考价值。宋代及其以后，文献典籍主要是养生学，其中，《圣济总录》《摄生论》《红炉点雪》《遵生八笺》《万寿仙书》《寿世保元》《养生四要》《寿世编》《勿药元诠》等是比较具有代表性的。

到了近代，记载乡村少数民族传统体育的文献资料数量就更多了，并且记载的方式也更加丰富，比较典型的有图谱、秘籍，以及各种史料和地方志。《中国民族传统体育志》是最具有代表性的。具体来说，这是一部对各民族体育进行记载的大百科全书。其内容丰富、详细，主要涉及武术、气功养生健身、棋类、文娱等几大门类。它为我国研究乡村少数民族传统体育提供了珍贵的资料，具有极高的参考价值。

二、乡村少数民族传统体育的制度文化内涵

（一）中国古代体育体制的共性特点

中国古代体育体质的共同点在以下两方面有所体现。

一方面，是重文轻武，乡村少数民族传统体育的发展受到非理性的教育观念的阻碍。

汉朝刘彻采纳董仲舒"罢黜百家,独尊儒术"的建议之后,处于思想统治地位的便是儒家思想了。到了汉朝,设立太学,使当时的取士标准有所改变。官学中,关于武艺的教学内容逐渐减少,后来则基本上被排除了,并且形成了轻武重文的学风。这种学风产生了非常大的影响,甚至涉及了士风、社会风气。这一现象能够从对当时社会风气的记载中得到充分的体现。如,"彬彬多文学之士""金银满赢,不如一经"。两汉以后,重文轻武的思想愈演愈烈,这样发展的南朝时期,使得过敏的身体素质每况愈下,文献记载当时许多贵族子弟"肤脆骨柔,不堪行步;体羸气弱,不耐寒暑,其死仓猝者,往往而然"。到了北宋之后,重文轻武之风发展到极盛,其主要的影响因素的宋明理学,导致这一现象的直接原因则是"八股"取士。由此可以看出,由于受到儒家正统思想的影响,整个封建社会以"经学"取士的用人标准,对体育的发展起到了直接的阻碍作用,教育功能的非理性也对乡村少数民族传统体育的发展起到了一定的阻碍作用。

另一方面,由于受到传统教育的束缚,乡村少数民族传统体育变得扭曲。两汉以后,有两方面的原因对体育健康产生了影响,一个是儒家"礼乐观"的影响,造成的"重功利,轻嬉戏"的社会思想倾向;另一个是重在伦理教化的错误价值倾向。关于体育,儒家学者的理解为:体育是成德成圣,完成圆善的手段,应该加以制约,不能任其发展。比较具有代表性的,就是射礼,对于此,主要的要求为:射者"内志正,外体直,然后持弓矢牢固,然后可以言中"。后来,此项思想发展更甚,更甚者,发展到了被统治者不能随意进行体育活动。从此,体育运动被赋予了显著的等级性特点。

由此可以看出,在封建社会体育处处受礼的束缚,并且被戴上了"等级"的帽子,这就是中国古代体育扭曲发展的重要原因。同时也应该看到,封建社会的束缚以及封建思想的禁锢是制约中国古代传统体育发展的主要因素。

(二)中国古代不同历史时期体育体制的差异

1. 夏—春秋时期

这一时期,乡村少数民族传统体育得到了进一步的发展,并且具体化程度越来越高。究其原因,可以大致总结为以下几方面:生产和分工的发展、文字和学校的产生、频繁的战争、宗教制度的形成等。乡村少数民族传统体育的具体化,主要在体育形式呈现出多样化方面得到体现,如军事、学校、娱乐、保健等。学习的教育形式得到了具体化,教育内容也有了进一步的分化。西周时,"礼、乐、射、御、书、数"是学校的主要教育内容。另外,体育在国家军队中也具有非常重要的作用和地位,这主要在日常的身体训练方面得到体现，其所学的内容主要是"田猎"与"武舞"。《礼记·月令》中记载了当时军队训练的情形："天子易教于田猎，以习五戎，班马政。"这里所说的"五戎"，是五种兵器，即弓、矢、殳、矛、戟；"马政"就是指驭马技术。武舞的基本内容是"教坐、作、进、退、疾、徐、疏、数之节"。

2. 战国—三国时期

春秋战国时期，开始推行"公民兵"制度，以达到更好地参与战事，取得胜利的目的。经过一段时间的发展，贵族统治阶级对军事的垄断局面被打破，这也对军事体育的发展起到了积极的推动作用。到了战国时期，由于兵种的划分更加具体化，这也对训练方法提出来了一定的要求，专门分类训练成为主要的训练方式。技击技术逐渐规范系统，武艺水平迅速提高。春秋战国以后，鉴于军队体育的不断发展和具体化，也对娱乐体育的进一步发展产生了积极的推动作用。这一时期，出现了很多受到人们喜爱的乡村少数民族传统娱乐体育项目，比较具有代表性的有蹴鞠、围棋、射箭、弹棋、斗兽、投壶、击鞠、赛马等。除此之外，还有一些形式多样的风筝、竞渡、秋千、民间舞蹈等。到了汉朝，人们开始对"百戏"的发展较为重视，并在其发展、兴盛的同时，将我国各项运动形式的发展与竞技形式的演进也带动了起来，因此，具有非常重要的意义和影响。秦汉时，宫廷和民间乐舞较为盛行，之后获得较大发展的则是方仙术以及行气养生术。

3. 西晋—五代时期

我国古代乡村少数民族传统体育的空前繁荣时期，就是西晋、南北朝、隋唐至五代这一阶段。导致这一现象的主要原因是，这一时期各个朝代都废除了阻碍体育发展的体制，并且实行了一系列对体育发展产生推动的有效措施，因此对体育，尤其是武术的发展起到了积极的促进作用。魏晋以后，在玄学、佛学，以及北方少数民族习俗的不断冲击下，传统儒学的"礼乐观"得到了一定程度的遏制。需要特别强调的是，唐朝武则天武举制的创立对军事体育的发展产生了积极的促进作用，同时还形成了尚武风气。唐代乡村少数民族传统体育得到了进一步的发展和兴盛，这对于武术的发展也产生了积极的影响。到了隋唐，由于这一时期的经济发展快速、政治稳定，在这样良好的条件下，形成了全国的传统节令活动。同时，这一时期以球戏和节令民俗活动为代表的消闲体育活动也得到了良好地发展和兴盛。除此之外，这一时期还出现了一种教授融音乐、舞蹈、杂技等体育、艺术为一体的综合训练机构——教坊。

4. 北宋—清时期

从北宋到清末这一时期，由于受到宋明理学和的"八股"取士制度的影响，重文轻武的社会风气盛行，对我国乡村少数民族传统体育的发展和进步产生了非常严重的影响。尽管如此，这一时期的军事体育和学校体育还是有一定程度的发展的。宋代出现了专门的军事学校武学，并且将学习内容细化，分为理论和实践两部分；除此之外，还实行了严格的升留级制度。宋代军官选拔，实行考试制。另外，这一时期实行的教法格、教头保甲制，在构成了一个从上到下按统一规格训练的训练网的同时，也积极推动了军事体育的发展，对民间习武的传播和普及起到了积极的促进作用。宋代以后，武术运动出现了一个较好的发展势头，并且形成了一个较为独立的体系。另外，乡村少数民族消闲娱乐体育在这一时期也有了较好的发展，瓦舍就是各种娱乐、消闲体育活动的一个场所。除此之外，"社"的产生，也对消闲娱乐体育的发展起到了积极的促进作用，比较具有代表性的有"英略社""踏弩社""园社""水弩社""齐云社"等。发展到宋明以后，传统体育活动在消闲娱乐体育的冲击下，只能在原有的轨道上前行，无法冲破旧体系的束缚。宋元明清时期，养生术、炼养术逐渐成了一种运动保健和康复手段，广为开展并受到人们的推崇。导引术方面，还出现了八段锦和易筋经。

三、乡村少数民族传统体育的精神文化内涵

乡村少数民族传统体育有着丰富的精神文化内涵，具体来说，其主要表现在以下几方面。

（一）讲求伦理教化、等级思想严重、崇文而尚柔

儒家文化在中国古代是主导思想，受这种思想的影响，中国古代体育的特征和表象主要在三方面有所体现：首先，在目的作用上的伦理教化的价值趋向；其次，尊卑有别的等级观念；再次，崇文尚柔的运动形态。

对于汉朝以后的历代封建帝王和儒家先哲来说，他们的主要观点是：人的最高需要就是道德需要，道德价值就是最大的价值。这一时期人们对人生的追求目标和理想境界就是做一个"内圣外王"的贤人。但是，这种理想是实现不了的，究其原因，主要是由于当时的社会过于重视伦理教化，将原本正常的思想观念扭曲了，只对道德重视，而将其他方面忽视掉了，从而使得这一思想观念并不具有科学性，而最终成了走向极端的悖谬。在这种思想状态的影响下，中国古代乡村少数民族传统体育的发展是不可能理想的。体育的价

值没有被全面认识，尤其是重要的健康、娱乐等价值与功能甚至遭到抹杀。这样不仅对中国乡村少数民族传统体育的正常发展产生了较大的阻碍作用，而且对于人的身心健康发展也是没有益处的。比如，学习射礼时，就要求做到"内志正，外体直"；在进行投壶的活动时，则要做到"不使之过，亦不使之不及，所以中也，不使之偏颇流散，所以为正也，中正，道之根底也。"

另外，乡村少数民族传统体育中还渗透着尊卑有别的等级观念。这种等级观念是普遍存在的，主要表现为，存在于体育用品的使用方面，同时也在体育活动的顺序方面有所体现。在进行体育活动时，需要遵循"君臣之礼，长幼之序"的体制要求，这也使得体育的竞争成了不公平的竞争。比如，西周的射礼，可以分为三种，即大射、宾射、燕射；另外，弓箭、箭靶、伴司乐曲、司职人员等方面也存在一定的等级区别。"秋"是围猎中的最后阶段，歼兽活动要正式开始，是需要由皇帝所在的"黄帷"射出第一箭的。由此可以看出，封建统治者的等级观念非常强。由于在"寡欲不争""中庸""以柔克刚""贵和"等思想观念的影响下，中国乡村少数民族传统体育也表象出了相应的特征，主要表现为：力量、刚强、竞争不足，而舒缓、柔弱、平和有余。这种特征与体育的本质特征是不相符的，因此，这在一定程度上阻碍了我国传统体育的发展，从而也使得当时我国国民体质低下，受到世界的侮辱。

（二）追求人与自然的和谐与统一

由于受到传统经济方式和人鱼自然的关系的影响，为与"天人合一"的要求相适应，乡村少数民族传统体育从整体上对人体运动过程中形态、机能、意念、精神，以及这些状态与外部世界的联系进行了较为客观的描述。体育对人与自然的和谐较为重视，而不是一味地主张事物唱着极限发展。比较有代表性的乡村少数民族传统体育项目，就是太极拳、气功等，"以心会意，以意调气，以气促形，以形会神"是对这种体育运动的形象描述。体育运动追求的最高境界就是"心灵交通，以契合体道"。

相较于其他国家来说，在人与自然的关系方面，我国体育的发展还是做得比较好的，尤其是太极拳，不仅走出了国门，而且还受到国际上的欢迎与赞誉。在传统体育活动的锻炼过程中，基本功练习与完整练习相结合的方法是通常采用的训练方法，这也将中华民族追求平衡和顺其自然的主体化思维方式充分体现了出来。对于克服西方科学主义"主客之分，身心两分"所带来的科学危机来说，这种思想和观念已经起到了非常显著的效果。但是，需要注意的是，在乡村少数民族传统体育促进健康的方面，我国对这方面的研究和探索还不够深入、全面，因此，对于这一点，应该引起相关专家、学者的重视，在"阴阳平衡"的基础上，对体育运动对于健康的意义进行深入的研究，从而达到更高意义上的人与自然的和谐、统一。

（三）群体价值本位的价值取向

在中国文化中，尊尊亲亲的宗法观念占据着重要的统治地位。这种传统文化的特征主要表现为是：把尊尊亲亲的价值观念，以家庭、家族为本位外推，将其扩大和延伸到整个社会群体之中，经过长期的影响，就导致了中国传统文化的价值取向为以社会群体为本位。由于受到这样的价值取向的影响，在乡村少数民族传统体育中以个人为基础的竞争得不到较为充分的发展，因此也对民族传统体育的发展产生了一定的制约作用。

（四）守内、尚礼、恋土的民族情结

对我国乡村少数民族体育的民族心理特征进行了解和认识，可从以下几方面着手分析、研究：第一，在体育原理方面，主要在中华民族追求平衡和顺应自然的主体化思维方式上得到体现；第二，在技术特点方面，主要是将中华民族以智斗勇、追求技巧的审美心理反映出来；第三，在竞赛规则方面，主要将中国传统的比武具有表演性的特点体现了出来；另外，动作规定和比赛规则没有具体化，在交手过程中体现的是礼让为先，点到为止，不战而胜，心服而已，反对争强好胜，拼个你死我活，这都是中华民族守内、尚礼的人格倾向的充分体现和反映。中国象棋就是能够将这一特点充分体现出来的传统体育项目。中国象棋中的"将、帅"不得越雷池半步，只能在"九宫"之内活动，并且要在"仕、相"的护卫下完成攻守进退，而且只能够坐镇宫中进行"站、走、移、挪"，这也将"帅不离位"的恋土归根的农业民族心理充分反映了出来。

中国是一个有着悠久封建史的国家。中国乡村少数民族传统体育正在传统的农业型经济、高度统一的中央集权制、以及与此相适应的儒家文化的影响和作用下，才逐渐形成了自己独特的鲜明特色。在中国的封建社会，学校的学习内容以治人、济世为主，并且将脑力劳动与体力劳动分开来，这样人的发展就是不均衡的，就是一个畸形的人。在这种社会状况下的体育是无法发展的，更谈不上地位了。由此可以看出，在整个中国古代，学校教育中的体育基本上已经被忽视了，甚至还会遭到排斥与打击。在封建统治者以德为先的思想统治下，只有养生、保健类体育得到了较大发展。经济基础决定上层建筑，在这样落后的社会、生产力以及认识的条件下，对于体育的认识只有养生、保健方面，休闲娱乐体育是完全被禁止的，更不用说较好的发展了。

（五）功利观较强，对休闲娱乐体育偏见较深

在中国古代，知识分子的最高理想几乎都是"齐家、治国、平天下"。步入仕途，高官厚禄是绝大多数人的理想，因此，在科举制、八股取士的时代，知识分子们都几乎将所有的精力放在故纸堆中，皓首穷经。当时，学子们学习的内容都以考试内容为标准，不去想这些内容是否有用，这种强烈的功利观，是不利于当时乡村少数民族消闲娱乐体育的发展的，甚至对消闲娱乐体育的发展产生了一定的制约作用。在汉代，一些知识分子提出了"去武行文，废力尚德"的观点，并且对提倡"角抵戏"进行了批判，他们认为这是"玩不用之器"，还有一些儒生认为蹴鞠费力劳体，并且认为这与"君子勤礼，小人尽力"的古训相违背，因此，便提出了用其他合于礼仪的"雅戏"来取代体育活动的主张。由此可以看出，这种抵制和反对消闲娱乐活动的基本价值观，不仅不利于人们选择体育运动形式的意向，而且以后还会使人们对消闲娱乐活动的许多偏见。

（六）倡导阴柔与静态之美

在中国古代，被称为阴柔文化的以孔孟为代表的文化，对人们提出了较高的要求，具体来说，不仅要求人们在思想上做到"乐而不淫""哀而不伤"和"心宁、志逸、气平、体安"，而且还要求其在做人方面也要多"隐"，使情感含蓄而不外露。受到这种文化的影响，太极这种静极之物静和自然都是中国太极在理论上和文化上都追求的一个目标。总的来说，这种静态变化的追求主要有三方面：其一，阳面，是对内在美高于外在美的追求；其二，是对静态美高于动态美的追求；其三，是对封闭的系统胜于开放的系统的追求。

中国古代文化还在"顺从"上有所体现，被视为美德。在中国古代乡村少数民族传统体育中，有许多民族传统体育项目流传下来，并且源远流长，敬酒不衰。其中，温文尔雅的太极拳、导引养生、围棋等都是比较有代表性的。尤其群众性较强的太极拳，以其阴柔、轻缓的动作与内在的气势征服了国内外的广大太极拳爱好者，并且有越来越多的人参与到了太极拳的学习中。要练好太极拳，就需要做到以下几点要求：第一，要"形不破体，力不尖出""有退有进，站中求圆"；第二，技术动作方面，则要求趋向于"拧、曲、圆"的内聚形态；第三，在切磋、交手的过程中，要求做到"声东击西、避实就虚，守中有攻，就势借力"。对于太极拳，最为生动形象的描述是"牵动四两拨千斤"，这充分体现出了中华民族以智斗勇、追求技巧的审美心理。

第二节　我国乡村少数民族传统体育文化的属性分析

从乡村少数民族传统体育文化的概念中，我们就能够大致了解到一些关于乡村少数民族传统体育文化的属性，为了更深入地了解乡村少数民族传统体育文化的属性，下面对此进行详细的分析和阐述。

总的来说，关于我国乡村少数民族传统体育文化属性，大致可以归纳为生产性、地域性、民族性、生活性、娱乐性、认同性以及封闭性等七个方面，具体如下。

一、生产性

乡村少数民族传统体育的基本支点是生产。技术系统的支持是乡村少数民族传统体育文化得到较好产生和发展的重要原因，有着不可分割的密切关系。体育文化的基本属性是生产性，这主要是由生产活动是体育文化产生的重要源头决定的。因此，换句话说，生产性是乡村少数民族传统体育最基础的文化属性。

二、民族性

文化是由人类创造出来的，而与此同时，文化对人类本身起着重要的塑造作用。由于受到各种不同因素的影响和制约，人类所创造出来的文化并不是统一的，在这种文化的塑造下，人类逐渐形成了文化特征有所区别的群体，就是现在所说的民族。从世界范围而言，几乎每个国家都有其具有代表性的、具有自身特征的传统体育项目，较为典型的如：中国的武术、日本的柔道、美国的篮球、巴西的足球等，都充分显示出了非常强的民族色彩。换句话说，每一个地区和国家的传统体育内容，都能够在一定程度上代表着这个国家或地区，是一种文化的象征。具体来说，传统体育的民族性属性的表现形式是多种多样的，比较重要的几个方面包括：体育的外在形式、体育精神、运动规则和具体要求。我国乡村少数民族传统体育的民族性，主要表现为四方面，即养生性、保健性、整体和谐性以及伦理教化性。

三、生活性

人们在特定的环境中生活，并且会受到这一特定环境的一定程度的影响，因此，人们在其特定的生活环境中创造出来的乡村少数民族传统体育文化也会充分体现出生活性这一较为显著的特征。在早期的社会中，生活与生产内容是融为一体的，体育就是在人类不断的生产劳动中逐渐产生的，这些体育项目几乎都与狩猎、游牧、耕作等生产活动，以及为庆祝收获、祈祷祭祀等生活内容有着密切的联系。不管人类如何发展，这些源于生产和生活的体育，都不会脱离生活性这一重要属性。由此可以看出，生活性是乡村少数民族传统体育文化非常重要的属性之一。

四、地域性

中国幅员辽阔，版图经纬跨度大，东西南北之间的自然地理环境和生态环境有着较为显著的差异性，在这些因素的影响下，中华各民族在语言、文字、宗教、习俗方面，以及建筑、服装等方面，也都表现出了较为显著的差异性，对于体育活动来说也是如此，都将乡村少数民族传统体育文化的地域性属性充分体现了出来。除此之外，由于开展地点不同，同一地区、同一体育项目表现出的方式和方法也存在一定的差异性。每个具有共性的地方经过不断融合，逐渐形成了一个具有地域特征的文化景象。

五、封闭性

与中国传统文化一样，由于受到自然地理因素、自给自足的小农经济、血缘、宗族等因素的影响，再加上特定的生活环境，中国乡村少数民族传统体育也表现出了一定的封闭性属性。一般情况下，乡村少数民族传统体育通常只在一些人中间传播，甚至有一些体育项目已经自生自灭了。以陈家沟太极拳为例来说，它只是与同类其他拳种进行有限的交流，而且只在自己的区域范围内进行发展、传播，这也就使其形成了自身特有的风格。由此可以看出，环境的封闭性是导致体育的封闭性的重要原因。

六、娱乐性

体育起源的因素有很多种，其中，娱乐是其中非常重要的一个方面，随着社会的不断进步，娱乐性也逐渐成为乡村少数民族体育发展的重要动力。具体来说，娱乐成分包含的内容主要体现在三方面：第一，是身体机能性，群殴对技术的要求较高，且具有强烈的自娱性和他娱性；第二，是谋略性，具体来说就是对人的谋略、心智水平有比较高的要求；第三，则是机遇性，主要是对机遇的期待。

七、认同性

认同性，广义上说，其首先讲究的是血缘认同和民族认同；如果针对乡村少数民族传统体育来说，那么就是民族文化的认同了。文化包含很多方面的内同，体育就是其中一项重要组成部分。从民族认同的角度来说，体育不仅带有一定的符号意义，同时在民族文化形象上也具有重要的代表意义。我们以摔跤为例，蒙古族的摔跤被称为是博克；维吾尔族的摔跤，则被称为是且里西；藏族的摔跤则被称为是北嘎。由此可以看出，尽管体育活动内容相同，但由于起源的民族、所表现的形式都有一定的差异性，因此，它们表表的民族文化也就有所不同。

第三节　我国乡村少数民族传统体育文化的价值分析

一、乡村少数民族传统体育文化的娱乐价值

人们在社会生活中会遇到各种各样的事情，人们有时候会有想抒发感情的需要，这时候人们就会选用一种欢乐的形式，对彼此所掌握的技艺和思想观点进行交流和沟通，以此来满足自身在心理上的需求，丰富自身的文化生活。民族体育的娱乐性主要包含两方面：一个是自娱性；另一个是娱他性。运动者和观赏者都能通过乡村少数民族传统体育活动来达到愉悦身心、调节情感、陶冶情操的目的。

我国古代社会中，由于生产力水平较低，人们的生活以及生产条件都极为艰辛，这样艰苦的条件下，人们希望通过武术的形式来获得额外的收获，并且在练习武术的过程中，他们内心的激动情绪被激发出来。在这种激情的环境中，人们就希望通过一定的方式，来展现自身健美的体型和高超的技艺，或是对内在的心理情感进行适当调节，感受人类生活的美好。

一般情况下，只要是举办体育活动，就必然会伴随有音乐、舞蹈和相应的体育用具。反过来我们也可以说，人们在以娱乐为前提下所举办的各项活动，也通常会伴随着各种各样的体育表演活动。最具代表性的应该是，景颇族在节庆时要举办的"目脑纵歌"。在一些隆重的节日中，乡村少数民族体育活动也起到了增添欢愉气氛的效果。比较具有代表性

的是基诺族的"特毛旦"。另外，还有拉祜族的"扩拾"节，这时体育活动也成为人们欢乐的重要内容。

对于居住在交通不发达山区的少数民族来说，他们的生活环境大多是闭塞的，通常只能通过举办那些欢乐的体育活动，来表达他们对于生活和发展的热情和满足。各民族所产生的传统体育活动，是与本民族的身心需求所适应的。在他们闭塞的生活环境中，这也是他们获取欢乐的主要方式。通过举办和参与各种各样的体育活动，乡村地区的少数民族能够对心理情感进行适当的调节，从而进一步充实和丰富自己的心理。

随着社会发展，科学技术飞速进步，越来越多科研成果使人们繁重艰辛和危险的体力劳动得到了代替或者减轻了一定的劳动量。人们的余暇时间也越来越多。在这样的情况下，人们在休息和娱乐方面的选择多种多样，乡村少数民族传统体育就以其很厚的文化底蕴、多种多样的形式等收到广大群众的欢迎与喜爱。另外，通过民族传统体育锻炼，能够舒畅情怀，消除疲劳，焕发精神，对心理和生理状态起到积极的调节作用，从而增进健康。对于不同的年龄段的人们来说，都有相应的民族传统体育项目适宜其进行锻炼，并且能够获得更明显、更简便、更直接的娱乐价值。比如，太极拳或打网球、乒乓球、打桥牌、下围棋等活动，较适宜于中老年人进行锻炼。这些乡村少数民族传统体育活动是人们享受娱乐和休息的内容和方式。

二、乡村少数民族传统体育文化的健身价值

乡村少数民族传统体育有着较为显著的健身价值，而健身价值是通过各种健身形式得以实现的。通常情况下，可以将民族传统体育的健身形式大致分为两种：一种是民间健身形式；另一种是系统健身形式。

（1）丰富多样的民间健身形式。这类健身的形式大多散出现在民间，其具有方法简便、器械简单、活动多富有趣味性等特点。由于形式上的不同，可以将民间健身形式分为两种：一种是运动量较小的、轻松和缓的运动项目，比较具有代表性的有散步、郊游、荡秋千、放风筝、踢毽等运动；另一种是运动量适中的运动项目，比较典型的有跳绳、登高、跑马、射箭、举石锁等。这些方法，简便易行，形式多样，既娱乐又健身，为民间常见的健身手段，不需要进行相应的指导、训练即可参与。另外，还有一些具有民族特色的群众性健身运动，比较具有代表性的有拔河、龙舟竞渡、摔跤、赛马、舞龙灯、跷板、走高跷、跑旱船以及各种舞蹈等。这些健身形式大多数流传至今，甚至被国家体育运动相关部门规范化，成为现代人们生活的必不可少的运动项目。

（2）自成套路的系统健身形式。中国武术的发源地主要有两个，一个是河南的中岳嵩山，是佛教禅宗和少林派武术的发源地；另一个是湖北的武当山，是道教和武当派武术的发源地。所以，从宗教的角度上说，有道、佛之分；从武术的角度上说，有少林、武当之别。武术虽然是技击、防身之术，但其上乘功法则是以健身为宗旨。此类运动健身方法大多是在民间健身法基础之上建立起来的，在一定的理论指导下，有目的、有具体要求，需要经过学习和训练方能掌握的健身方法，是传统体育养生法中较高层次的健身运动。通常情况下，我们所说的"运动养生的流派"，主要指自成套路的健身法。健身流派有很多，大猴子可以分为两大分支，一个是道家健身法；另一个是佛家健身法，因世代相传，又不断得到充实和发展，所以形成了各种不同流派。其中，道家健身术以老子、庄子的理论为主要依据，提出了以养气为主的主张，同时也提出了"导引""养形"，对练气以养生的观点较为重视。其中，华佗的"五禽戏"、马王堆出土的"导引图"、胎息经、八段锦、太极拳等，都是比较具有代表性的道家健身项目。另一个是佛家健身术。禅定修心是佛家健身术意志所遵循的宗旨。为顺利实现"坐禅"，就需要采取一些有效的方式来活动筋骨、疏通血脉，这就是佛家健身功法形成的原因。在佛家健身功法中，具有代表性的主要有达摩易筋经、天竺国按摩法、罗汉十八手、少林拳、心意拳、禅密功等。不同流派中所创造的运动养生方式，充分体现了我国健身术的多样性，他们彼此之间相互借鉴和渗透，使得这些健身术的内容实现了丰富和创新，在传统养生法中占有重要的地位。学习、继承、发掘这些民族传统的健身方法，能够使人们的身体健康得到有力保障。

总的来说，乡村少数民族传统体育的健身价值主要表现在以下几方面。

（一）有效促进身心健康

1995 年国务院颁布了《全民健身计划纲要》，实施这一举措的主要目的是发展我国全民族的体育运动，增强人民体质，提高全民族的人口素质。

乡村少数民族传统体育不仅有着悠久的发展历史，繁多的项目和各种运动形式。一般情况下，各个民族的传统体育项目的运动形式间都会有一定的差异性，有的体育互动适合在山区、半山区环境开展；有的体育活动则适合在坝区、河谷地带进行；还有的则适合在有水、河流的地方进行；还有一些传统体育活动项目不受地理环境的制约，在哪里都可以进行。乡村少数民族传统体育的形式多样，并带有明显的民族特色，他们的侧重点可能会有所不同，有的侧重于趣味性，有的则讲究力量，有的则注重技巧和竞技性。但对于所有的传统体育项目来说，其所具有的强身健体功效和锻炼意志的功能明确，是人们在选择运动健身活动项目的首选。

乡村少数民族传统体育项目在提高人的健康和身体素质方面，具有很强的提升作用，但不同的运动项目其体现出的健身价值也有所差别。比如，白族的登山和游泳运动能够有效锻炼和提高人的耐力、心肺功能；彝族、哈尼族的摔跤能够有效发展人的力量与意志；傣族的跳竹竿能够使腿部力量和人体动作的协调性得到提高：布朗族和佤族的爬竿能够使人的上肢力量得到增进；射箭、打陀螺则能够使人的臂力与准确性有所提高。除此之外，很多民族还有练习武术和民族舞蹈的传统，其具有刚柔相济、动静结合、自然流畅等多中优势，能够提高身体的协调性，长时间的练习也不会让人感到乏味，有利于提高人的身体素质，起到强身健体的功能，并且长期坚持下去，还会有延年益寿的功能。

（二）能够使体育人口数量有所增加

由于乡村少数民族传统体育的内容和形式都是从生活中产生的，并且带有很强的生活情趣，人们喜欢参与并乐在其中，由此可以看出，传统体育活动具有广泛的社会基础，并且还有全民性。除此之外，还具有广泛的适应性，形式多样使其选择的余地也相对较大，很多体育项目适用于广泛的人群，不会受到参与者在性别、年龄、体质等方面的限制。对于广大群众来说，可以根据自身的身体素质、选择偏好等来选择适合自己的体育项目，以此达到强身健体、娱乐身心的目的。还有一些传统体育项目，由于其自身具有较强的竞技性和娱乐性，因此打破了地域的限制，成了全国人民都喜欢的体育活动，比较具有代表性的有赛龙舟、摔跤、武术、射弩、打陀螺、赛马、木球、抢花炮、珍珠球、荡秋千、毽球等项目。

一些乡村少数民族传统体育活动，由于活动方式简单，并且具有很强色审美性、健身性和娱乐性，因此逐渐走入了广大普通群众的日常生活中，成了人们日常活动、健身的常见方式。

目前在全国范围内，很多生活在城市地区的群众在进行晨练的过程中，经常能够看到人们参与民族传统体育健身活动，最主要的有"太极拳""太极剑""烟盒舞""跳乐""跳歌庄""摆手舞""跳秧歌""霸王鞭""民族迪斯科""民族健身操"等。由此可以看出，乡村少数民族体育活动所具有的民俗特性和文化价值，已经打破了地域的限制，逐渐被其他的民族所接受和认同，成为全国范围内人们进行体育活动锻炼的重要方式。而这有利于群众体育锻炼队伍的壮大，能够使体育人口数量有所增加。

（三）节约体育投资，推动全民健身活动的开展

当前，我国人均体育经费非常少，一年只有几角钱，体育活动场馆、器材也都存在着严重不足的现象，广大群众进行体育锻炼的需要远远的不到满足。尤其一些民族众多的边疆省份，经济发展水平较为落后，对体育投资的经费不够充足，在较短的时间内很难对这种情况进行改变。因此，这就告诉我们，应当从全面健身的实际情况出发，根据当地经济和社会的实际情况来选择恰当的体育锻炼方式，从而尽可能地使当地人民的健身需求得到满足。

在这样的情况下，乡村少数民族传统体育就成为这些经济较为落后的民族地区最经济实用、最易推广的群众性体育活动。乡村少数民族传统体育是在各民族的生产生活环境中逐渐产生的，期往往具有简单易行、淳朴自然、贴近生活等特点。乡村少数民族传统体育项目对运动技术的要求不高，并且对场地、器材等也没有特殊的要求，在普通的平地或是草坪上就可以开展。此外，这些传统体育项目对运动器材的要求也较低，生活中常见的船、马匹、刀、枪、箭、弩等，甚至是自然环境中的竹、木、藤、石等，都可以成为传统体育的运动器材，这对传统体育的宣传和推广具有很大的优势。

近年来，虽然经济水平的不断发展，人们对体育活动重视的提高，为乡村少数民族传统体育的发展提供了机遇，在全社会范围内产生了较大影响，并且成为群众性体育活动中的主要内容。全民健身计划的实施之后，人们对于乡村少数民族传统体育运动项目有了更深的认识，期望在全面健身活动中能够充分发挥这些传统体育项目的优势。此外，还应当加强对少数民族传统体育项目的研究和发掘工作，全面提升传统体育发展的科学性和规范性，扩展传统体育的社会接受程度，实现传统体育的现代化发展，为增强国民身体素质做出贡献。

三、乡村少数民族传统体育的审美价值

人们往往能够从乡村少数民族传统体育中得到自然的、社会的、艺术的多方面美的体验。民族传统体育的这种美，能够潜移默化地对人们产生积极的影响，使人们逐渐参与到乡村少数民族传统体育活动中来。

不管是什么样的乡村少数民族传统体育活动，它们都是在一定的社会基础上存在的，并且受到相当一部分人民群众的欢迎与喜爱，这种喜爱的态度是出于热诚和尊重的美好情感。而这些美好的情感则都是在乡村少数民族传统体育的欣赏和参与过程中感受到的。

在乡村少数民族体育盛会期间，组织者、献艺者、观赏者和其他人员会从四面八方，甚至远隔千山万水的异国他乡赶来，尽管如此，他们彼此之间都会有志同道合的信任和热忱的亲切感。因此，在活动中也往往会以爽直和热诚态度相待。在很多的乡村少数民族传统体育比赛中，很多对手通过较量，都逐渐成为非常好的朋友，这往往有助于人们产生缅怀、感激、庄严、热烈、神圣、信任、热诚、爽直、亲切、荣幸、自豪等心境，都是具有丰富和深刻的审美情感的体验。另外，民族传统体育活动结束后，人们往往还会怀念这种美好，从而给人们带去难以忘怀的回忆。

乡村少数民族体育竞技场上运动员表现出的体魄矫健的美感、精湛技艺和出神入化技战术的美感，以及千万观赏者热情助兴的声势，也都具有非常高的审美价值。运动员自觉遵守竞赛规则，而又能将"宁失一球，不伤一人""赢得起，也输得起"的高尚品格充分体现出来；再加上裁判冷静认真执法，充分体现出了乡村少数民族传统体育的种种美感。

形象性、情感性、自由性和深远性是乡村少数民族传统体育审美价值的四个显著特点，其中，最突出的是自由性。究其原因，主要是由于通常情况下乡村少数民族体育活动的组织管理者与参加活动的民众（运动员、观众）是平等地位加入活动过程中。

在各个民族中，乡村少数民族传统体育的审美形式多种多样。其中，比较具有代表性的有以下几种。藏区普遍盛行的赛牦牛，是人们非常喜爱的一种传统体育竞技活动。具有独特民族风格的景颇族的舞蹈"金再再"和"刀舞"也将这个山地民族的强健、勇猛、坚韧不拔的阳刚之气充分体现了出来。除此之外，传统武术也表现出了较高的审美价值，尤其是在起伏转折、闪展腾挪中，时空变化兼有，造型与动态交替，刚柔相参，神形具备，不仅有形式美，意境美、本色美、艺术美等也都充分体现了出来。

乡村少数民族传统体育蕴藏在人们的生活中，能够给人们的生活带来丰富的美感。每个民族传统体育项目的特色各有不同，但不管具体是审美，都是各族人民智慧的凝聚，都能够是乡村少数民族传统体育朝着更好的方向发展。

四、乡村少数民族传统体育的教育价值

少数民族传统体育是一种综合性的体育文化，其蕴含着人们的价值观、伦理道德观、审美观以及人们的行为模式。一直以来，都在一定程度上影响着教育，可以说，这是中国学校教育不可缺少的一项重要内容。

在人类的早期教育中，乡村少数民族传统体育主要是通过舞蹈和体育活动的方式来

进行教学展现的。这些体育的早期教育出现的时间较早，在学校教育还没有出现之前就已经存在了。对于原始的早期教育来说，教育的目的主要是将自身的生存技能传授给下一代。由于当时还没有产生文字和书本，因此，人们主要是通过口传心授和模仿身体活动的方式来进行教育教学的。此外，在少数民族举办的庆典等活动中，巫师会作为导师将某些技能、礼仪习俗及部落历史知识传授给人们；每当祭礼庆典举行时，成人则会使部落的孩子们仔细观摩动作，并加以解说；在成人进行竞技、舞蹈或游戏时，孩子们将会自觉或在督促下模仿学习。这些教育方式不仅使民族传统体育得到了较好的传承和沿袭，同时也充分体现出了其不可忽略的教育价值。

在我国许多乡村少数民族的体育活动中，有些运动技能也是生产、生活技能。其中，彝族的飞石索、维吾尔族的赛马、怒族的过溜索、苗族的爬花竿、蒙古族的赛跑、藏族的射箭、朝鲜族的顶罐赛跑等都是比较具有代表性的活动项目。这些项目都具有显著的教育价值。尤其需要强调的是武术。武术作为中华各民族都有的传统体育项目，对教育的发展起着重要作用。在很久之前，以军事体育为特色的体育教育模式的学校教育就已经出现了，这种教育模式为武术技艺的提高起到了积极的推动作用。武术具有很高的实用价值，无论是在军事方面，还是在民众的强身健体方面，武术都发挥着重要的作用。在历代社会的发展中，统治者都极为重要武术的作用，并且古代教育中，武术始终都占据着重要的地位。

乡村少数民族传统体育能取得的教育效益，相较于其他施教内容和施教形式还是比较先进的。乡村少数民族传统体育的教育价值在不同年龄段的群体身上都有体现。以幼儿为例，刚刚会摇摇晃晃学步的幼儿，就有一种近于生理和心理本能性的需要，因此，通过乡村少数民族传统体育中的各种传统游戏，比较常见的有"跳房子""抓石子""踢毽子""弹球""丢铁饼""踢罐儿""抽陀螺""斗鸡"等，能够潜移默化地将一些知识传授给他们，随着年龄的不断增长，他们也会逐渐提高对知识的追求程度，这就需要从更多的乡村少数民族传统体育活动中吸取。

乡村少数民族传统体育游戏是每个人启蒙的文化教育。现代的运动项目几乎都是由游戏民族传统体育活动演变发展所形成的，因此可以说，游戏是孕育奥运会的母亲。乡村少数民族传统体育中的游戏可以使儿童性格开朗，增进健康，对其生长发育有积极的促进作用，能够使身体各种素质得到发展和提高，锻炼勇敢、机智、顽强等意志品质，启迪智力，培养爱护小伙伴，服从集体指挥，和大家友好相处和初步分辨善恶、美丑、是非的思想品质，因此，有着非常重要的作用和意义。在各种游戏中，儿童会扮演各种社会角色，这样能够使他们充分体会到各种角色的形象和特点，从而增强他们的生活常识。因此可以说，游戏民族传统体育活动具有儿童自我教育的特殊意义和作用，在他们成长过程中起着非常深远的潜移默化地影响。

学校教育中已经引入了乡村少数民族传统体育活动，这样不仅能够使民族传统体育文化得到弘扬，还能够丰富教学内容，将其作为一种重要的教育形式。乡村少数民族传统体育是我国各个历史时期的教育不可缺少的组成部分，对振兴民族教育事业，传承中国传统文化起到了重要作用。

五、乡村少数民族传统体育的社会价值

民族传统体育的社会价值，具体体现在三方面，即社会经济价值、社会政治价值以及社会交往价值，具体如下。

（一）乡村少数民族传统体育的社会经济价值

体育产业指的是，为了满足人们的身心素质需求，以体育劳务和非实物形态提供体育产品的生产和经营活动，是经济发展中出现的一项新兴产业，将成为新的经济增长点。发展民族体育产业，不仅可以满足人们对体育的需求，同时还可以拉动体育互动项目的发展，为国民经济增收做出贡献。乡村少数民族传统体育有着深厚的文化积淀，这就使得其在体育产业的发展中始终占据着重要的地位。

新中国成立以来，中国有越来越多的乡村少数民族传统体育项目开始走出国门，走向世界，因此，经常会举办相应的一些活动，比如，龙舟比赛、国际风筝节、太极拳大会等。这些活动的举行就在一定程度上为民族传统体育的产业化发展起到了积极的推动作用。就传统武术来说，其是乡村少数民族传统体育中发展状况最好的一个项目，中国武术散打王擂台赛有着较为广泛的影响，因此，有着巨大的经济利益。

旅游活动是既古老又新兴的民族传统体育事象。在经济比较发达国家，旅游很早就已经出现了。当前，随着经济的不断发展，人民生活水平的不断提高，人们有较多的闲暇时间用于旅游，因此，这也必将成为经济增长的一个重要方面。同时，乡村少数民族传统体育的深厚文化底蕴逐渐被世界所认知，因此，越来越多的世界各国民众来中国旅游，尤其具有民族特色的地区举办的相关活动，受到游客的广泛欢迎与喜爱，比较有代表性的有白族人民具有悠久历史的传统节日三月街、彝族的民族传统盛会火把节等。这不仅进一步促进了民族传统体育文化的传播，也为我国国民经济的增长做出了巨大贡献。

目前，我国已广泛采用借助民族体育竞赛活动推动地区经济发展。比较有代表性的有：富有民族特色的国际风筝比赛的举办；国际少林武术节的举办等。实际上，乡村少数民族体育本身的商业价值潜力也是巨大的。具体来说，其包括的内容主要有：民族体育的竞赛与体育表演，民族体育的咨询培训服务，民族体育服装，民族体育建筑，民族体育的医疗、康复与健美服务，民族体育器材，以及民族运动会期间的门票、纪念品、电视转播费、奖券、彩票、吉祥物、商品广告费等，这些都在不同程度上对社会经济的发展起到积极的促进作用。

（二）乡村少数民族传统体育的社会交往价值

乡村少数民族传统体育不仅具有鲜明的民族个性特征，而且在近些年来，也日益显现出公认的国际共性的特征。这也就决定了，乡村少数民族传统体育是作为一项重要的交流形式，来进一步加强国内、国际参与爱好者的交往，具有显著的社会交往价值。

较其他形态文化来说，乡村少数民族传统体育的优点主要表现为：易于流传和传播，被众多的不同民族所认同和接受。一个国家或一个民族举行民族传统体育活动，会吸引各民族人民大众的关注和支持。不少异族他国的民众会在国情和经济条件允许的情况下，自千里之外兴高采烈地聚集一起。即使国家政府之间政见上分歧和外交上隔阂所形成的铁幕也不能阻拦他们对这些民族传统体育的喜爱，除非政府强令禁止。由此可以看出，乡村少数民族传统体育的社会交往价值是不可忽视的。

（三）乡村少数民族传统体育的社会政治价值

一个国家、一个民族、一个地区的民风习俗中最明显、最活跃和影响最广泛的民俗事象，就是民族传统体育。一项民族传统体育的形成和发展，能够在一定程度上将其社会基础反映出来。在民族传统体育活动中能够将民众的精神生活和物质生活的实际状况充分反映出来。可以说，民族传统体育像是一面特殊的"多棱镜"，能够将民众的体质、文化知识、意志品格、道德观念、思想情绪，对社会现实的态度和种种希望与要求等情况折射出来。因此，这就在一定程度上为国家政府部门制定和实施相应的政策方针，提供了实际的社会依据。

中国《宪法》中对于尊重、保护和支持各民族信仰、传统文化和风俗习惯做了明确的规定。与此同时，还从人力、物力、财力和政策上优先扶植各民族文化艺术、传统民族传统体育活动，使得各兄弟民族的物质文明生活和精神文明生活都发生了显著变化。特别强调的是，对中华民族固有武术、龙舟、风筝、摔跤等民族传统体育项目的重视和支持程度要更高，因此，这对这些项目走出国界，登上国际体坛起到了积极的推动作用。通过倡导这些乡村少数民族传统体育活动，能够使各民族之间的友谊团结、社会的安定加强，将合民心、顺民意的政策充分体现出来，使人民大众与政府的关系更加密切，从而得到人民大众对政府的信任和拥护。

当前，世界上各国政府，都对倡导和支持广泛开展民族传统体育活动非常重视，究其原因，主要是由于这对于巩固政权，提高政府威望，取得人民大众爱戴，在国际上树立政府良好形象有着非常重要的作用和意义。

第四章

我国乡村少数民族传统体育文化的现代化

第一节　少数民族传统体育文化与现代化发展之间的关系

体育文化传统是体育文化要素的凝聚，在体育改革不断深入的今天，少数民族传统体育文化与现代化关系的研究显得越来越重要。

一、体育文化的现代化解析

（一）体育文化现代化的内涵

1. 文化现代化

文化现代化具有多重内涵。具体来讲，文化现代化主要可从以下三方面进行分析。

（1）现代化与文化

现代化是一个动态的过程，同时也是一个综合发展的过程，它具有非常鲜明的民族性。本质上讲，现代化是一种文化的生长，它是人类文明的历史逻辑的产物，是社会全面文化的价值转换。20世纪，人类文化发展的突出特征主要表现为检讨反思理性、人与自然的协调统一、注重精神文化价值、全球意识的培养。

另外，还需要对现代观念与市场经济之间的关系进行明确。市场经济的开展，可以将人从其他非经济的依附关系中解放出来，确保人的独立自主性；市场经济在全世界范围内的盛行，使得各个国家和地区间的经济文化交往成了一种具有普遍性的发展趋势。此外，市场经济的盛行还促使技术不断进步创新，为实现人的全面发展打下了坚实的基础。

（2）人的现代化

人的现代化是现代化的核心内容，人的现代化包括身体素质与文化素质的现代化。

对于现代人的塑造，应该在传统向现代化转变的过程中，通过现代化运动本身塑造与现代化相适应的现代人，使他们在思维方式、心理结构、价值取向、情感方式、行为方式等方面产生质的改变。现代人的思维方式逐渐呈现出开放性、系统性以及科学性的特点，选择日益多元化；在心理结构方面，现代人更乐于接受新的事物，勇于改革创新，积极进取，更加重视现在与将来，更加富于冒险精神；在价值取向方面，现代人要求个性化与理性化、个人实利与利他主义的统一；在行为方式方面，现代人更加注重计划性、易于流动并具有战略眼光，不被一般的礼节规矩所束缚。

总而言之，只有不断顺应与满足人的各种需要、提升并改造人的素质才能够最终实现人的现代化。

（3）人的文化素质与社会客体现代化的互动

一般来讲，现代社会环境对社会主体——人的现代化科学文化素质的形成，主要是通过现代教育、现代社会环境、现代大众传媒、现代家庭教育、城市社区以及社会意识等途径实现的。因此，我们必须认清楚这种互动作用才能够真正明确文化现代化的机制。

2. 体育文化现代化

（1）体育文化现代化的来源

育文化现代化的实现，自身传统体育文化、外界体育文化、时代体育文化精神是体育文化现代化的三大来源。

如果脱离自身传统，体育文化就会丧失发展的基础，而如果无视外界体育文化就会失去比较与进步的动力，不把握时代体育文化精神就不能够建立起自身特色的体育文化体系——这些都是当前每一种体育文化现代化必然所处的历史方位所决定的。

（2）体育文化现代化的内涵

体育文化现代化的内涵是科学化、社会化、制度化、国际化。根据世界各国体育发展的一般规律，我们可从以下几方面对体育文化现代化进行理解。

第一，科学化。体育文化的科学化指的是，体育运动在运动手段、方法、规则、理论基础等方面，要进行科学化的指导。

第二，规范化。体育文化的规范化指的是，体育的组织与管理制度、法规体系等方面，要形成完善的教育、培训、竞赛保障体系。

第三，社会化。体育文化的社会化具体包括组织形式、范围、价值趋向，促进社会办体育机制的形成，保障体育活动的灵活性，以此来适应不同的运动群体。

第四，国际化。体育文化的国际化具体包括举行世界性的赛会、相互交流运动员和教练员，在国外设立培训机构等。

以上四方面即为体育文化现代化的内涵，它们共同组成了一个综合与动态的网络系统。

（3）体育文化现代化的发展趋势

第一，东西方体育文化的交融。在世界经济一体化发展的背景下，体育文化会获得更好的发展机遇。

在国际奥林匹克运动以及联合国教科文组织、世界体育组织的共同努力下，国际竞技与群众体育之间的融合越来越密切，东方与西方体育文化也将出现空前的交融态势。无论是东方文化还是西方，都是整个人类社会所共同孕育出来的，是全世界人民相互交往的结果。黄河、尼罗河、底格里斯河等文明是东方体育文化产生的源泉，在古时候那种自给自足的经济文化中，形成了相对独立和隔绝的状态，具有很强的封闭性、伦理性、民俗性、宗教性和军事性。而对于西方文化来说，主要是美国和英国时代发展的产物，是古代希腊和意大利罗马体育文化发展的结果，其是在现代社会生产方式的基础之上所发展起来的，具有竞技性、普遍化、个性化、娱乐化等方面的特征。东西方体育文化是人类在不同的时代产生并发展起来的，在人类进行近代社会之后，二者之间封闭的状态才逐渐被打破。

在世界文化互相开放与交往中，在日益趋同的社会环境下，东西方体育文化将逐渐走向融合。

第二，多元价值功能的交融与分割。由于体育的多项功能常常处于分割状态或者受到人们主观的影响，因此没有得到全面开发与利用。随着社会的不断发展以及人类文明的不断进步，人们对体育价值的认识与利用也更加全面深刻，将出现体育文化多元价值功能的交融与分殊态势。

健身、娱乐、交往、养生功能的融合。工业化文明给城市带来了更加丰富的物质产品，但在一定程度上也产生了"文明病"，造成了人的异化。随着科学信息技术的不断发展，人们的生活逐渐被数字化所取代，人的肉体和精神实现了分离，生理和心理上产生了明显的不协调性，因此人们产生了对身心和谐和自我实现的强烈愿望。体育具有健身、娱乐、交往、养生等多方面的功能，这对人们想要实现自由和解放提供了渠道。一个商人在高尔夫球场里进行体育活动，既是与人交往的需要，同时也是强健身体的需要，不仅有商业谈判的目的，同时还有娱乐身心的目的。全面的异化与数字化统治使人们迫切需求全方位的解放，体育活动正好能够作为沟通人的感性与理性的方式。

竞技与健身分流。随着社会分工越来越细，越来越多的人为了谋生而进行体育表演和竞赛，这逐渐发展成为一种职业。体育竞技越来越向高、精、尖的方向不断发展，这在一定程度上提升了人类的潜能，给广大观众带来了无尽的喜悦与快感。要想跻身于职业体育行业，需要专门的选材、投资、科学与艰苦训练等一系列的过程。竞技体育在职业的驱动力之下将吸引越来越多的人参与其中。

竞技体育的发展不仅会吸引越来越多的观众与参与者，同时他们对自己的健康也给予了更多的关注。他们以追求生命的质量和个人的自由为目的，参与或简单或者复杂的运动，投身或激烈或轻柔的活动中。健身和健心对人们来说越来越重要，在人们身心俱健的期待里，融合了不同阶层、不同年龄、不同信仰、不同民族、不同性别的体育追求。

第三，运作方式的多样化。人类认识、掌握世界的方式多种多样，具体包括科学的与哲学的、精神的与实践的、审美的与艺术的、宗教的与信仰的。当然，在实际生活中，这些方式并不是完全孤立存在的，而是综合的。随着社会生活的日益发展，随着人类对自身以及世界命运的不断关注，人类的体育文化活动也将在分化与综合的游离中走出自己新的道路。

（4）体育文化现代化的意义

体育文化现代化的意义主要体现在它对物质文明、精神文明以及人的现代化的促进作用。

体育产业对于国民经济具有显著的推动作用，体育教育和宣传中大量优秀的精神文化与道德文化能够有效激发社会精神文明的不断进步，体育文化对人的身体与心理素质完善以及社会化都具有非常重要的价值。

（二）我国体育文化的现代化

1. 中国文化的现代化

21 世纪是传统文化变革自身不断现代化的世纪，这是世界总格局与时代发展必然的趋势。我国传统文化逐渐走向现代化不仅是由于外界压力的作用，同时也是自身的内在机制所决定的，主要体现在极强的交往和融合能力、营养非常丰富的全面基质、深刻的自我反省机制等。

另外，我国的文化现代化也存在错位，主要体现在朴素的辩证思维（直观、类比、经验）与现代的辩证思维（知性）的错位、封建集权主义与无产阶级集体主义的错位、农民的绝对平均主义与社会主义公有观念的错位、前商品经济与超商品经济的错位。

实现传统文化走向现代化的最佳选择就是实行文化民主化，文化民主化具体包括文化无意识性、文化交往性、文化中性、文化学派性、文化多元性等多重含义。

在现代化社会的建设和发展中，传统社会文化起着重要的作用。在社会主义现代化建设的过程中，传统文化是不能被忽视的部分，在建设现代化社会的基础，在维护国家、社会、民族团结等方面发挥着重要的价值，其同时也是我国民族重要的力量源泉。

总而言之，只有建立科学全面的实现基准与途径，我国文化的现代化才能够最终实现。

2. 中国文化与我国体育文化的现代化

（1）中国文化转型对体育文化的推动

当今世界，人类社会正在朝向信息化社会的方向发展，我国也处于社会主义市场经济快速发展的时期。应当明确的是，当前我国的社会发展面临着四个方面的转型。第一，从农业社会向工业社会转型，进一步推进城镇化制度的推进，缩小农业人口的比重，农村的生产力得到了大幅度的提升，全面提高了农民的生活质量；第二，由工业社会逐渐向信息社会转型，在以核能、航天、电脑为标志的现代科技革命中，我国走在时代发展的前列，科学信息技术正在快速发展；第三，从匮乏型逐渐向发展型社会转变，当前，人们的温饱温饱问题已经基本解决，农村所谓发展已经迈进小康社会，随着人们收入的增加，其对精神文化方面产生了较大的需求；第四，从计划经济体制逐渐迈向市场化经济体制，充分发挥市场经济的调节作用，讲开放、竞争、商业化等元素融入我国市场经济的发展当中。我国社会所面临的这四个方面的转型，将在很大程度上改变我国文化的面貌，对推动文化的创新和发展起到了重要作用，并在一定程度上改变了我国体育文化的格局。

多重的社会跨越引起了文化的多重结构与过渡性的发展趋势，体育文化也在这个跨越中体现出社会化的发展态势。民间体育社团逐渐兴盛，自我体育不断兴起，体育生活化的崛起把体育文化推向了一个前所未有的境地。

现代化的进程造成了文化创新大于文化传承。体育文化的创新在运动训练领域当中一直以来非常受重视，如今在群众健身方面的技术创新与观念更新也不可避免。

社会开放程度的提高使得文化融合大于文化净化。越来越多的海外新奇高雅的体育文化不断引进到中国，这就在很大程度上冲击着中国传统的体育文化。

大众文化与精英文化的冲突将随着市场经济的不断发展逐渐走向兼容与综合，如网球、保龄球这些曾经作为精英体育文化的内容现在已经越来越大众化。

多重文化的变迁，以及新旧文化之间产生的矛盾冲突，体现了市场经济的发展过程中，社会期望出现新价值与新道德与之相匹配。当前社会的发展中，很多以往的体育文化已经不能够适应体育事业不断的发展变化，随着各种问题的不断出现，人们越发期待建立起一套新的符合体育发展的价值标准与道德规范。

在新的世纪，各种各样的挑战呼唤民族精神的再塑造与更新。未来世界的各种竞争更加激烈，我国传统体育要想真正跻身于世界强手之列，就应该在继承民族体育精神内核的基础上创造出新的体育精神。我国体育精神（为国争光、无私奉献、团结友爱、科学求实、遵纪守法、顽强拼搏的精神）已经很好地展示出中国体育与中国文化的精髓，它将在实践中继续得到发展和完善。

（2）文化市场的兴起对体育文化产业的呼唤

文化市场不仅具有积极作用，同时还具有一定的消极作用。社会主义市场文化发展的积极作用表现在，能够促进促进社会主义精神文明建设、增强文化部门自我发展能力、促使文化艺术趋于繁荣、推动中外文化不断交流等。为了充分发挥市场文化的优势作用，减少其负面作用的产生，因此就必须要正确处理社会效益与经济效益之间的关系，继续深化文化体制改革，根据消费者的需求提供多样化的产品和服务。此外，还应当看到的事，在社会主义现代化建设过程中，文化建设在其中占据了重要的地位，要将其放在适当的战略高度。

另外，体育文化产业还应该在体育产业以及整个体育事业中处于战略地位。体育文化产业是沟通体育有形资产与体育无形资产的中介，它不仅能够获得直接的经济效益来弥补体育事业经费方面的不足，而且对于大力宣传和弘扬体育文化，提倡科学、文明、健康的生活方式具有积极的作用。体育文化产业本身将成为体育文化发展的一个显著标志，从各个角度丰富与完善我国的体育文化体系。

二、少数民族传统体育文化

（一）传统体育文化的概念

从传统文化的发展历程的角度来看，我们可以将传统体育文化看作是历史沿袭下来的体育文化。我们已经知道，传统是历史沿革的产物，因此我们可以将传统体育文化界定为，人类不同民族在不同历史时期创造的沿传下来的对现实有影响的体育文化，相当于英语中现在完成时的含义。例如，我国古代体育文化中的射礼与投壶具有非常鲜明的伦理色彩，这也对当今我国体育文化的道德内容产生了很大影响，这些都属于我国传统体育文化的范畴。而击剑这种西方体育文化带有非常鲜明的平等意识，它对当代西方体育文化也产生了非常深刻的影响。

不容忽视的是，所谓的传统并不是一成不变的，它处于不断的发展变化之中，是一个动态的历史积淀与凝聚的过程。因此，传统体育文化不是僵化的历史体育文化，而是处于不断交流与传播、冲突与变迁过程之中的体育文化。

（二）少数民族传统体育的文化特性

少数民族传统体育是体育的重要组成部分，不仅项目众多，而且价值丰富，其具健身、娱乐、竞技等为一体，蕴含丰富的审美价值。少数民族传统体育在内容、形式上包含多种审美性，不仅呈现出美感的复合性，也反映出人们对于美好生活的追求与向往。

从文化学的角度来看，少数民族传统体育表现出地域性、封闭性、民族性、生产性、生活性、认同性、娱乐性等七个方面的文化特性，具体如下。

1. 地域性

每个民族都在一定的地域进行繁衍生息，各民族的传统体育文化也必然深受地域的影响，不同民族的生活方式与社会风尚能够在各民族传统体育文化的内容与形式中体现出来。"大杂居、小聚居"是我国各少数民族的居住特点，生活在不同地理环境中的少数民族，其所拥有的生产和生活技能是与其生存的环境相适应的，传统体育文化也是在此基础上产生出来的。对于我国的传统体育来说，一般都是南方人善于泛舟，而北方人则更善于骑射，南方的体育项目多需要群体的参与，北方则更主要以个人体育项目为主。

除此之外，对于处于同一地区的相同的体育项目来说，体育活动举办地点的不同，也会出现不同的活动方式。只有在经过不同地方特色的不断汇集之后，才会形成相应的区域文化现象。

我国少数民族传统体育最终形成今天这种地域特征明显的文化现象，有其发展的必然性。

2. 封闭性

我国汉民族与各少数民族在自身发展的过程中会不断吸收借鉴对方的文化特色，从而不断丰富自己民族的文化。这样，我国的文化格局逐渐形成多元一体化，同时使各民族有了共同的文化价值观。但是，从民俗学方面来说，同一民族里也存在"百里不同风，十里不同俗"的现象，在各少数民族的传统文化中也必然保留着各民族的特点与风格。少数民族传统体育由于受到自然地理因素、小农经济以及血缘等因素的影响，从而形成了一定的封闭性，表现为在一些人群中传播或者自生自灭。例如，陈家沟太极拳与太极拳的其他拳种之间的交流是很有限的，其在自身的区域范围内自我发展并独具风格，体现出传统体育的封闭性。

3. 民族性

人类是文化的创造者，而文化对于人也有塑造作用。在受到多种不同因素的影响之后，人类创造文化的模式也具有了多样性。民族就是由不同类型文化所塑造的不同文化特征的群体。武术、足球、跆拳道等运动属于不同民族的传统体育项目，它们具有不同的风格和文化特征，也蕴含着特有的民族意识。在一定程度上，某个国家或地区的传统体育是其独特的象征，传统体育的民族特性通过其自身的运动形式、规则等方面表现出来。我国民族传统体育的民族性主要表现为和谐性、保健性、养生性以及教化性等很多方面。

4. 生产性

生产是少数民族传统体育的基本支点。生产活动既是少数民族体育文化产生的来源，也是传统体育不断发展的基础，少数民族传统体育的产生和发展都离不开生产活动的支持。例如，在马上项目流行的蒙古族，马匹使其生产生活中必不可少的工具，没有马匹就无法进行正常的生产活动；东北地区的鄂伦春族，民族性格勇敢豪放，由于他们的主要生产方式是狩猎，因此该民族的猎枪、猎犬闻名世界，射击、赛马都是该民族喜闻乐见的传统体育项目。

5. 生活性

特定环境是人类生产生活的基础，人类在特定环境的基础上才能创造出丰富灿烂的民族文化。生产与生活在人类社会的初始阶段是融合在一起的，体育是人们日常生活中的重要内容，人类的各种生产活动包括狩猎、耕种等都与体育密不可分。虽然随着社会的不断进步，少数民族传统体育越来越脱离人们的生产活动，但是这些在人类初期所形成的动作在现在生活中所发挥的作用却越来越重要。在各民族的传统体育中，汉族的体育文化有弱化的趋势，而少数民族的体育文化仍然保留着强烈的武化思想。

6. 认同性

在民族认同中，血缘认同是最基本的认同方式，而文化认同则是一种更深层面的认同方式。对于一个民族来说，其承担着自身民族的文化体系，并且文化又被民族看作一种聚合体。体育不仅象征着民族文化认同，并且还是民族文化形象的代表。例如，传统武术是对战争中技术的提炼加工，然后在民族文化的长期影响下，演变成一种兼具技击意识与健身观赏价值的体育项目，表现出我国民族文化的独特性质。摔跤在多个少数民族中都存在，蒙古族的摔跤称为"搏克"，维吾尔族中称其为"且里西"，藏族称作"北嘎"，虽然同样是摔跤，但是不同民族所表现的形式存在一定的区别，因此具有代表不同民族符号的作用。

7. 娱乐性

娱乐是少数民族传统体育发展的重要动力之一，是体育起源因素中的主要成分。技能性、谋略性和机遇性是少数民族传统体育娱乐性的主要成分：技能性具有自娱性和娱他性；谋略性对体育运动参与者的心智、谋略等方面要求都很高；机遇性主要是指对于机遇的期待。我国少数民族传统体育具有很强的娱乐目的，这类体育项目多以自娱自乐、游戏的运动形式出现，注重对人身心与情感的满足，让体育项目的参与者在运动中得到情感的愉悦和情绪的发泄。少数民族传统体育的娱乐性使自身具有很大的吸引力，民族体育项目的举行多成为民族聚集的盛会。

（三）少数民族传统体育的传统文化特质

我国民族在几千年前就形成了"天人合一"的哲学思想，以保健和表演为基本模式，以礼让、宽厚、平和为价值取向的体育形态。中国人注重整体性、中庸性与道德性，这些内容在少数民族传统体育的文化特征中也有所体现。少数民族传统体育具有独特文化特点主要包括以下几方面。

1. "天人合一"是少数民族体育文化的基础

"天人合一"既是中国传统的自然哲学，也是少数民族传统体育的哲学基础。少数民族传统文化的一个基本命题就是天与人的关系，中国哲学通过对天人关系的辩证思考来领悟人生意义，并构建出人生理想的参照模式。少数民族传统体育文化所追求的"天人合一"就是要做到顺应自然的发展规律，并把人当作自然的组成部分，只有这样才能得以生存与发展。"重精神，轻物质"是少数民族传统体育文化的显著特征，在长期的发展过程中，民族传统体育逐渐认识到人与自然之间密切的联系，在运动实践中不断追求人适应并顺应自然，只有使人与自然实现统一，才能达到想要的效果。

2. "伦理"实现教化是少数民族体育文化的主张

儒家思想将道德需要作为人的最高需要，最大的价值是道德的价值。少数民族传统体育由于深受传统儒家文化的影响，因此表现出重视伦理教化的特质。在道德理念为标准的条件下，传统体育活动形成了"寓教于体，寓教于乐"的活动原则，竞赛成绩并不是体育竞赛的最终目标和追求，培养与升华道德才是体育竞赛的最终追求。例如，元明年间成书的《蹴鞠图谱》中介绍蹴鞠时还对儒家"仁、义、礼、智、信"的思想用专门章节进行阐述，充分体现了少数民族传统体育注重伦理教化的特性。

3. "整体""和谐"是少数民族体育文化的追求

少数民族传统体育在人体运动过程中非常重视整体性与和谐性。"形神俱练，内外兼修"等思想追求经过意识活动和肢体动作达到"与天地神相交通"的境界，体现了传统体育追求身心、机体与自然协调发展的健身价值观。太极拳、气功等都是我国传统的体育项目，在运动的过程中讲究"以行会神"，通过人体自身存在的精神力和能量来实现和外部的交流，维护人体的新陈代谢，起到修养身心的功效。

4. "快乐""和平"是少数民族体育文化的理念

少数民族地区所具有的民俗、民风、生活习惯等，与传统体育的发展密切相关。通过开展传统体育活动，人们的身心可以得到放松和愉悦，也就使得少数民族传统体育产生了一种对于"快乐""和平"的文化追求。少数民族传统体育参与者多以强身健体为目的，且多在闲暇业余时间进行，娱乐也被寓于体育活动当中。例如，苗族的赛龙舟，龙舟就是雕刻、制作成龙的样子的船，涂有各种颜色，划舟人分为鼓手、锣手、水手，分别负责指挥、敲锣和划水，他们身着式样各异的服装。龙舟比赛时，几十个龙舟在大江中激烈竞逐，伴随锣鼓声和烟花，同时岸边的观众也助威呐喊，气势非凡。

5. "等级制度"是少数民族体育文化的特征

少数民族传统体育要求遵守严格的等级关系，不能互相逾越，以实现社会的稳定。古人认为自然界及人类都是遵循着一定的自然规律而产生的，上下有别，长幼有序是古代思想规范的显著特征，这些礼数在少数民族传统体育中也有着深刻的体现。在封建社会中女子的社会地位十分低下，参加体育活动时受到多方面的限制。传统武术中，虽然没有明确的动作规定与竞赛规则，但在交手过程中要求礼让，做到点到为止。在少数民族传统体育的行为中恪守着"中正平和"的理念，就算在具有竞技实质的武术搏击中，也要做到"立身中正，随身就屈"，体现出等级制度对于传统武术的深刻影响。

三、少数民族传统体育文化与体育文化传统的关系

一般意义上说，传统都具有内在性和隐藏性，而文化则具有外在性和显露性。传统通常被看作是一种无形的精神，而文化则拥有有形的实体。对于传统来说，其存在的前提和基础是，各种文化现象、文化样式以及文化类型，这三者结合起来，共同组成了文化活动的所具有的特征。通过各种文化现象，人们能够体验领悟到一种精神、风格、韵味。

根据这些认识，我们能够较为清晰地透视传统体育文化与体育文化传统之间的联系与区别。

（1）体育文化传统是体育文化要素的凝聚，而不是体育文化现象的凝聚。历史的体育器材、体育场馆等都是传统体育文化，不是体育文化传统，这些体育文化产物中表现出来的主体智力、旨趣、神韵等的凝聚才是体育文化传统。体育文化传统体现了西方与中国体育超越意识的差异：无我超越与有我超越、客体性超越与主体性超越、禁欲超越与载欲超越、蒙昧超越与理性超越、硬性超越与弹性超越。这种体育文化中特质要素的凝聚——体育超越意识才是体育文化传统。

（2）体育文化传统是凝聚在体育物质、制度以及精神文化中的观念、意识、心理等。体育文化传统既体现了相对稳定的体育文化结构的本质特质，同时还表现出实践主体体育文化结构的观念形式。因此，体育文化传统蕴含在体育的文化形式当中。例如，我国古代体育的伦理性特征导致出现的君主与贵族在与部下或者下级进行体育比赛时常常很自然地获得优先的某些权限，在这种体育竞赛不平等的表象当中，其实蕴含着森严的封建等级名分意识，它属于体育文化传统的范畴。体育比赛中的"让利"行为本身只是一种传统体育文化，而不能将其视为是体育文化传统。

（3）体育文化传统是体育文化延续和凝聚为系统的内在要素、因子。体育文化要素、样式、因子并不都是体育文化传统，而是体育文化的稳定结构。体育文化传统是体育文化的稳定结构"凝聚"与"固化"才得以构成和实现的产物。例如，我国古代的投壶运动在最初是人们宴飨之余所进行的一种游戏形式，这是一种独特的体育文化现象，后来经过人们的不断整理与规范，加剧了封建伦理道德与等级名分意识在游戏中的渗透，内化于民族文化心理和思维、情感方式之中，成为凝聚和固化了的理性心理、道德理性的感性形式，成为体育文化传统。

（4）体育文化传统与传统体育文化既顺应制约又逆应制约。顺应性制约主要体现为体育文化传统受到传统体育文化内容、特性、形式以及对象化了的人的本质力量的制约，

传统体育文化以其民族性、地域性、时代性和客观性、变异性、历史性影响体育文化传统，使体育文化传统随着传统体育文化的变异而发生改变。在这里，传统体育文化无意对体育文化传统进行限制，这主要是由于体育文化实质上就是人的本质能力结构不断扩展和自身对自然的超越。

第二节　我国乡村少数民族体育传统文化的现代化保护机制

一、乡村少数民族传统体育文化保护的原则

保护乡村少数民族传统体育文化应该遵循一定的原则，具体来说，主要包括以下几方面原则。

（一）全面性原则

我国乡村少数民族传统体育文化有着较为显著的形式多样性的特点，不仅有着非常多的传统体育项目，而且其价值也是多样的，这些都往往会对乡村少数民族传统体育文化的发展和走向产生不同程度的影响。对乡村少数民族传统体育文化进行保护和传承对于保护好我们的民族文化有着非常重要的作用和意义；因此，这就要求我们要全面搜集和整理乡村少数民族传统体育文化，因为这样能够对乡村少数民族传统体育文化有全面深入的了解和认识，再将其中有价值的传统体育进行整理，将其中的精华部分吸收进去，这样，能够使乡村少数民族传统体育文化得到更好的保护，从而使其尽可能地不受到其他方面的影响。

（二）民俗原则

乡村少数民族的传统体育文化具有显著的民俗性特点，因此可以说，其民族文化中包含着体育文化的部分。民俗对于整个民族的发展具有至关重要的作用，在不同的民俗影响下，所产生的民族文化也会有很大的不同。在对乡村少数民族传统体育文化进行保护和传承的过程中，如果只注重对体育文化的保护，忽略其中的民族保护，那么整个体育文化的保护和传承就将失去意义。这就告诉我们，在对乡村少数民族传统体育文化进行保护和

传承的过程中，要全力保留民族的特点，并且使其较好地传承下去，只有这样，才能够使乡村少数民族传统体育文化的发展具有深远的影响和意义。

（三）人本性原则

应当明确的是，在对乡村少数民族传统体育文化进行保护的过程中，各民族地区当地的群众是文化保护的主力军，他们对于传统体育文化的感情是最浓厚的。究其原因，主要是由于各个民族群众的生活态度以及精神方面的需求都会在不同程度上对传统体育文化的发展产生影响。因此，在对乡村少数民族传统体育文化进行保护的过程中，必须要注重发挥当地民众的作用，充分尊重当地少数民族群众的精神追求，协调好文化保护、商业盈利以及资源开发，这三者之间的关系。此外，在制定具体的乡村传统体育文化的保护措施的过程中，要充分考虑到各个民族群众的思想观点，只有这样，才能够使乡村少数民族传统体育文化的保护得到更好地实现。

（四）重点性原则

在对乡村少数民族传统体育文化开展保护措施的过程中，不可能覆盖到所有的体育项目或是体育文化，因此我们必须要遵循重点性原则。也就是说，要挑选出那些文化价值和实用价值更高的传统体育项目，为他们制定全面的文化保护措施，促进其实现良性的发展。但是同时，也应该知道，其中并不是所有的体育项目都可以得到很好的发展的。通常情况下，只有与时代发展的需要有机结合起来，再加上民族特色，并且与现代社会的标准相符，这样的乡村少数民族传统体育文化才是应该保护的对象，这样有针对性和重点性地进行保护，能够进一步促进乡村少数民族传统体育文化的更好发展。

二、乡村少数民族传统体育文化的现代化保护途径

不仅要严格遵循相应的原则，还要选择科学合理的途径，才能够实现乡村少数民族传统体育文化的保护与发展。具体来说，常见的乡村少数民族传统体育文化保护的途径主要有以下几种。

（一）传人

我国乡村少数民族传统体育的传人是民族体育文化保护和传承的首要环节，有着非常重要的地位和影响。

1. 传人应具备的条件

（1）传人应该具备相应的社会地位，这对乡村少数民族传统体育的保护与传播有着一定的影响。

（2）传人的文化程度要不断提高，这样能够使他们融会贯通地掌握传播理论、现代教育手段，并且通过学校教育的方式来实施传播，从而达到提高传播和保护的效率的目的。

（3）还要求传人要具有良好的职业道德，这样能够使狭隘的保守意识产生的影响得到有效避免，从而使传承的资源截流得以避免。

2. 提高传人素养的必要性

民族体育文化瑰宝传承的方式基本上都是人的口传身授或口传心授，这种形式是非常容易发生变异的，尤其是当传人有意或无意之间心存保守意识时。以武术的发展为例，武术发展过程中存在着一些玄虚，这就赋予了武术神秘的色彩，这种神秘感又被"师傅"们不断地放大，故弄玄虚地将一种身体运动技能说的能量无比巨大。而在传授弟子们武术的时候，"师傅"们为使自己的地位得到较好的保持，就会在给弟子传授技术的过程中留一手。事实上，这些传人对武术的认识是非常清楚的，绝不是他所说的那样玄幻，学习的难度也不大，只要认真学习，人人都能学成。但是，这些"师傅"们所顾忌的是如果弟子们很快地掌握并超过了自己的技术技能水平，那么，其师傅的地位就不保了，这就使得每一代"师傅"都留一手，这就导致武术原本在套路中富含的实用技击性技术成分便逐渐流失。由此可以看出，教育和规范传人的传承方式和方法是非常重要且必要的。

（二）媒介

在信息时代，信息库的建立是信息资源链接中的一个非常重要的必要关节。要充分利用现代科技手段，将有关乡村少数民族传统体育所涉及的内容，尽可能多地将其进行数字化保存，然后将其纳入"中国非物质文化遗产影像档案""中国非物质文化遗产数据库"系统之中。利用全球文化的多元性发展，全面保障传统体育的发展。拓宽乡村少数民族传统体育的文化储备，为传统体育的发展拓展广阔的空间。"文化空间"的保护和拓展有着非常重要的作用和意义，主要表现为："文化空间"能够将非物质文化遗产的综合性、文化性、民族性、地域性，以及与之相伴行的民俗和民风的广泛性充分反映出来。因此，往往又将"文化空间"称为"文化场所"。鉴于这样的特点，从媒体层面看，对非物质文化遗产的保护绝对不能仅仅依托于数字化被动储存，而是应主动地保护和拓展非物质文化生存的空间，使其具备良性的生存和发展"生态"环境。比如，如果社会生活中，民众喜爱的"端午节"缺失了，那么，乡村少数民族传统体育中的赛龙舟也一定会失去生存的背景和条件。

在我国乡村少数民族传统体育文化中，较为典型的一个"文化空间"，就是中国侗族的鼓楼及其广场。在这个文化空间中，主要有侗族大歌、祭祀、舞蹈和节庆活动。除此之外，土家族的摆手堂是每年土家族人进行大型祭祖活动的场所，期间有祭仪、祭歌、摆手舞、戏剧表演等文化活动。那达慕大会是蒙古族最盛大的传统节日，通常情况下，是在牧草繁茂、牲畜肥壮的每年农历七、八月间举行的。那达慕大会，其大意为"娱乐""游玩"，会期会持续三五天或六七天不等，具体要以大会的规模为依据而定。那达慕大会，现在在蒙古族人民心目中既古老又神圣。大会上不仅会有摔跤、射箭、赛马等传统项目，而且还会有射击、拔河、歌舞表演及物资交流、草原旅游、草原文化节等，内容丰富多彩。

（三）受体

从传播角度上看，所谓的受体，就是指接受信息传播的个体或人群。书籍、刊物的读者，广播的听众、电视的观众等就是比较常见的受体。受体这种社会群体有自身的特点，具体来说，其主要在规模庞大、分散异质、匿名无群、流动易变等几个方面得到体现。对于民族传统文化而言，受体更是具有"小众""分众"的特征，具体来说，就是部分受体仅仅生存与一个特定地域，接受信息资源有限的资讯。比如，有很多乡村少数民族传统体育项目的部分民间体育活动内容就能够将这样的特征体现出来。如果人们从中国现代化的上海出发，溯江而上，就会来到尚处于原始时代的怒族聚居地——碧罗雪山，他们的娱乐活动中依然保留着浓烈的古朴情趣，比较常见的有猴舞、鸡舞、喜鹊舞等，他们最主要的体育活动就是狩猎。

受体对我国乡村少数民族传统体育的"情感唤起"是一个非常重要的问题。当前，我国乡村少数民族传统体育面临的一个非常迫切的任务，就是引发受众的喜爱，对此，就要求我国乡村少数民族传统体育应该树立"票房价值"的观念，以传统为根基，以不同民族"分众"志趣为出发点，以创新为动力，使乡村少数民族传统体育焕发时代活力，从而将"大众"的青睐引发出来。除此之外，还要对各级组织的力量的发挥引起高度重视，使民众组织依赖性的特征得到充分利用。

（四）城市化

城市有着巨大的作用，对此，社会学家有着非常高的评价，甚至认为人类的文明史与城市史是相当的。乡村少数民族传统体育在进入城市文化空间之后，能够为传统体育文化的发展提供更为强劲的动力，拓展传统体育保护的层面范围。在通过借助城市的综合文化融合能力，提高传统体育的文化品位，并借助文化的辐射功能，实现传统体育更广泛的传播。在城市中有大量的社会组织能够为乡村少数民族传统体育的传承提供有效的帮助，比如，将现有的5.3万个各类体育社团、13.7万个体育指导站、3854个城市社区体育组织、31个全国性的体育行业协会的作用充分发挥出来，产生的社会影响是巨大的，能够将乡村少数民族传统体育文化的传播氛围成功地营造出来。城市中的学校有很多，更是聚集了很多高等学府。这些学校是传统体育文化传承的重要载体。为了适应学校体育教学的实施，会对少数民族传统体育进行改造，使得传统体育文化更具规范性和普及型，这对推动传统体育文化走向世界提供了可能。此外，乡村少数民族传统体育还需要在内容和形式上进行改进，使其符合现代社会的发展需求，为传统体育的发展提供更为广阔的空间。

但是，需要注意的是，城市在一定程度上制约着民族体育文化，具体来说，其主要在民族体育失去了原有的生态环境，造成原有信息的丢失，品味出现变异得到充分体现。这就好比是农家菜进入城市后出现的"串味"。同时，还会导致的另一个结果是：丰富多彩的民族体育逐渐向着单一化方向发展，进而发展为某种新的类似工业化产品的"标准件"，其手工品一般的艺术境界缺失。这就要求在乡村少数民族传统体育文化的保护过程中尽量使这种情况得到避免，我国乡村少数民族传统体育需在城市空间中建立和拓展各种形式的民族传统体育"村落"，营造必要的民族传统体育的生存空间。

三、新形势下乡村少数民族传统体育文化保护机制

（一）新形势下乡村少数民族传统体育文化保护存在的问题

在当前情况下，随着乡村少数民族传统体育文化的不断发展，其保护过程中逐渐暴露出了一些问题，具体表现在以下几方面。

1. 大众对乡村少数民族传统体育文化保护的重视程度较低

在经济快速发展的今天，人们在考虑问题方面，往往会从利益的角度上出发，这就往往就会导致一些人只看到了眼前的利益，而忽视了长远的利益。还有的人只重视乡村少数民族传统体育文化在拉动当地旅游发展中产生的积极作用，却忽视了对传统体育文化的保护。整体上看，乡村少数民族传统体育文化保护工作是一项长期性、持续性的工作，如果在很长时间内都忽视了对传统体育文化的保护，那么其面临的即将是难以弥补的伤害。

从另外的角度来看，乡村少数民族传统体育文化的发展，在一定程度上会受到文化发展的制约。这是因为，乡村地区的少数民族在推行发展的过程中，往往会忽略了体育文化的存在，或是对于传统体育文化的保护投资较少。当前这一现象，已经普遍存在。因此我们可以看出，全面开展对乡村少数民族传统体育文化的保护工作，已经迫在眉睫。

当前，人们在对乡村少数民族传统体育文化保护的过程中还存在很多问题。主要表现为：对于传统体育文化的保护投入力度不到位，缺少广泛的社会力量的支持，相关的文化保护的法律还不健全等。这些问题都会在不同程度上影响到乡村少数民族传统体育文化的保护及其未来的发展。

2. 科研机构不能满足乡村少数民族传统体育文化保护的需求

从科研机构的角度上说，乡村少数民族传统体育文化的保护过程中存在着较多的问题，其中，最主要的可以归纳为两个方面：一方面，在实际的生活中，对乡村少数民族传统体育文化进行研究的科研人员，通常都分布在大城市的高校或是科研机构，因此，较为缺乏基层这方面的人才，这就在一定程度上制约了乡村少数民族传统体育文化的保护工作的进行。尽管地方的科研人员或管理者置身于当地的传统文化中，但是，由于这些工作人员的知识水平往往相对较低，这就使得他们在保护乡村少数民族传统体育文化的过程中采取的措施的有效性较低，这就对乡村少数民族传统体育文化的发展起到了一定的局限性作用，因此，他们很难真正承担起研究乡村少数民族传统体育文化的重任。此外，相关的研究人员对当地的情况了解不到位，不能准确掌握传统体育的发展情况，这就为传统体育的保护工作增加了很多难度。对于我国的很多博物馆或是纪念馆来说，其对传统体育文化资料的收集也不够全面。由此可以看出，我国对少数民族体育文化的保护重视程度不够，还需要从多方面着手研究。

由此可以看出，只有加大培养研究人员的力度和强度，更好地了解和长期关注当地乡村少数民族传统体育文化的发展情况，才能够使乡村少数民族传统体育文化的保护工作顺利进行，且取得理想的效果。

（二）乡村少数民族传统体育文化保护对策

针对上述乡村少数民族传统体育文化保护中存在的一些问题，为了保证乡村少数民族传统体育文化保护工作的顺利进行，促进民族能够体育文化进一步发展，可以采取以下几方面措施。

1. 建立科学的乡村少数民族传统体育文化分级保护体系

强化乡村少数民族传统体育的保护，需要在各地区之间建立相应的保护制度，并根据其对乡村少数民族传统体育发展产生的影响作为依据，将其分为国家、省级、市级和县级四个等级。每一个等级都有自己的特点，可以让有关方面按照相应的要求，制定出更好的保护和发展民族传统体育的标准。需要注意的是，这四个等级中的国家级，需要由文化部门来进行牵头，然后需要相关的体育部门及其他的辅助部门进行协调配合。在这一过程中，对整体实施效果负责的是体育总局，其承担的主要任务就是要对乡村少数民族传统体育进行保护。具体来说，国家体育总局所负责的主要任务是，对民族传统体育进行审计和资金方面的支持等。

2. 对乡村少数民族传统体育文化进行数字化整理与编目

乡村少数民族传统体育活动项目的内容十分丰富，需要对其进行全面的发掘，并对其进行合理的梳理，这是一项艰巨而又具有重大意义的工作。在对乡村少数民族传统体育文化进行梳理时，应采取最为科学的方式，也就是利用电脑进行数据分析和分类。利用数字技术对乡村少数民族传统体育进行整理和剖析，有助于工作人员了解其存在的问题，并有助于对其进行科学研究。

然而，必须指出，在对乡村少数民族传统体育进行整理、编目时，为了保证结果的客观性和准确性，需要注意以下几点。第一，组织专业队伍，对乡村少数民族传统体育的信息进行整理；第二，要在人力、物力、资金等各领域加强对民族传统体育的扶持力度，确保乡村少数民族传统体育的传承；第三，要把涉及的工作划分清楚，对工作进行细化。通过对乡村少数民族传统体育的基本资料进行综合、系统的整理和编目，人们可以对传统体育有更深的认识和了解，并且可以有效地保障乡村少数民族传统体育的发展和传承。

3. 对学校体育文化教育资源进行适当的开发

对乡村少数民族传统体育文化的保护，必须依靠某种文化力量，而这些力量的发挥则是由学校进行的。目前，许多外来文化对我们本民族的传统文化产生了不同程度地影响和冲击，这就要求我们要采取一些适当的措施，尽量减少这种冲击。在这一过程中，通过学校的教育方式来培养出人们的民族文化意识，是一种重要的手段。乡村少数民族传统体育教育一般采用两种方式：第一，将所引入的民族传统体育课程编为相应的教学材料，在学校开设相应的学科；第二，民族地区的学校要结合地方的文化特征，把优秀的传统运动文化融入教科书，扩大民族文化的传播范围，提高民族学生的民族文化认同度，激发他们对自身民族文化的自豪感，以此来提高乡村地区少数民族传统体育的教育价值。

4. 在各个民族地区开展相应的传统体育竞赛娱乐活动

通常情况下，乡村少数民族传统体育文化的发展以及保护问题都是需要通过举行相关的活动来维系的。各个民族在传统节日中往往都会有传统的体育项目，这样不仅能够使节日气氛得到活跃，还能够达到保护乡村少数民族传统体育文化的目的。在开展民族地区传统体育竞赛娱乐活动的过程中，要在一定程度上改造相应的竞技体育项目，从而使这些竞技体育项目表现出的民族特色以及时代特色更加显著。

5. 根据民族地区特色打造出相应的体育文化旅游品牌

为了实现对少数民族传统体育的保护，提高人们对少数民族传统体育的认识和了解，还可以采取一些其他行之有效的举措。即打造乡村少数民族传统体育旅游品牌，在更大范围内树立起民族体育的形象，全面加强乡村少数民族传统体育的影响力。外国旅游者去不同的少数民族区域感受当地的体育文化，就会对当地的民族传统文化进行深入细致的认识和了解，把这种文化的传播和文化传承结合起来，使人们更加了解自己的民族传统文化。在以发展的角度宣传乡村少数民族传统体育文化的过程中，必须要充分考虑当地人们的生活习俗，将他们最本真的内容成分沿袭下去，减少误导、误传的可能性。对乡村少数民族传统体育的保护，我们可以从传承的角度来切入，并在此过程中对其进行适度的开发，这样才能实现真正意义上对乡村少数民族传统体育的保护。

（三）乡村少数民族传统体育非物质文化性的保护

非物质文化遗产是指各族人民世代相承的、与群众生活密切相关的各种传统文化表现形式（如民俗活动、表演艺术、传统知识和技能，以及与之相关的器具、实物、手工制品等）和文化空间。

非物质文化遗产的特征主要表现为独特性、活态性、传承性、流变性、综合性、民族性、地域性等，与我国乡村少数民族传统体育文化所表现出来的各种特征相同。非物质文化遗产是人类文化、文明发展的宝贵财富，非物质文化遗产中包含着非常丰富的资源，这些资源涉及历史、文化、审美、科学、伦理、教育、经济、创造等方面，这些资源的综合功能和价值，能够为社会发展提供非常重要的原动力。尤其需要强调的是，非物质文化遗产的文化保留了特殊的、蕴含民族特色的精神和意识，是保持不同民族本土文化独特性，同时也是使全球文化多样性进一步丰富的重要资本。

1. 非物质文化遗产保护中存在的问题

从文化保护角度看，乡村少数民族传统体育文化保护使非物质文化遗产保护的新领域得到了进一步的拓展，乡村少数民族传统体育文化已经和当代文化形成了融洽的关系，并且逐渐渗透到了现代生活中的各个方面。

（1）国家和政府对乡村少数民族传统体育方面的非物质文化遗产的重视程度不够

对非物质文化遗产的保护，其主要目的就是保护文化生态的多样性，使文化发展日趋单一的现象得到避免，就像自然生态环境一样，物种遭到破坏以后，一定会对生态环境的正常发展产生相应的影响。对乡村少数民族传统体育文化的保护关键在于建设未来，而不是保护过去，因为一旦乡村少数民族传统体育消失，现代体育的多样性的文化基础也会消失，那么现代体育文化的交流的意义就不存在了。乡村少数民族传统体育文化保护的一个很好的理念支持，就是我国文化所主张的和而不同，如果传统文化一味趋同，民族的独特性就会逐渐消失。虽然目前我国的很多非物质文化遗产已经消失，但是，只要政府加大对这一方面的重视程度，采取有效的保护措施，是能够将现有的非物质文化较好地传承下去的。对于此，我国近几年相继出台了多项非物质文化遗产保护办法，比较重要的有《国家级非物质文化遗产保护管理暂行办法》《国家级非物质文化遗产代表作申报评定暂行办法》等，可以说，这不仅使全面的政策性保护措施形成，还为非物质文化保护提供了有效的依据，具有非常重要的意义。但是，还需要注意的是，对于非物质文化遗产的传承不能因为文化类别而厚此薄彼，不能因为某一项民族文化的传承状况而出现重视或者放弃的情况，正确的做法是，对民族传统文化发展所需要的环境和资源进行充分的考虑，有针对性地将相应的保护措施提出来。

（2）伪民俗现象给非物质文化遗产的保护带来的不利影响

随着对民俗传统文化的重视程度越来越高，大量的非物质文化遗产陆续被挖掘和保护，并且得到了很好地传承和发展；但是，与此同时，也应该看到一些伪民俗对乡村少数民族传统体育方面非物质文化遗产保护造成的不利影响。其中，比较常见的、有代表性的养生秘方、灵丹妙药等。在对非物质文化遗产的保护过程当中可以看到，尽管是伪民俗，其中还是蕴含着一些民族文化的影子。不可否认，一些伪民俗可能会吸引真正的文化爱好者的加入，并从此在特定的文化环境中将其传承下去。但与此同时，也应该引起重视的是，一定要在认识和鉴别上加强重视，从而使真正的非物质文化遗产得以传承得到有力的保证。针对伪民俗现象，一定要从实际出发，通过与特定的环境、时代和发展理念等特定的因素有机结合起来进行考虑。总之，要想更好地保护乡村少数民族传统体育方面的非物质文化遗产，就必须将负面影响排除掉。但是，还需要注意的是，体育一定不能异化丧失其本来的属性，否则其将会失去作为体育的意义。

2. 非物质文化遗产保护遵循的原则

乡村少数民族传统体育方面的非物质文化遗产保护应遵循的原则包括两方面：一方面是乡村少数民族传统体育文化保护的基本原则；另一方面是非物质文化遗产保护自身应遵循的具体是特有是原则，具体表现在以下几方面。

（1）传习性原则

当一个民族或国家处于相对封闭环境中时，本土民族文化传习是自然而然的事情，因此，乡村少数民族传统体育文化也在不知不觉中传习着。需要强调的是，在当前这个文化频繁、强烈的撞击、交流和吸纳阶段，乡村少数民族传统体育文化已经濒临失忆、消亡，因此，这时候的传习就显得非常重要且必要了。

具体来说，在民族内部，有意地专门接受本民族传统文化、专项技艺、专门知识的学习，以及在现实生活中的运用和继承过程，就是所谓的传习。文化的传习所依托的是文化的惯性，同时，更加重要的是，人们有意识地在对本土民族文化的珍爱和尊重，尤其是在异质强势文化冲击期间，人们通常会被器物层面的实惠所诱导，进而逐渐被隐含于其中的意识所征服。尽管我国乡村少数民族传统体育方面的非物质文化遗产有其特殊的价值，但是，它在城市中的生存状况则不甚理想，主要是由于其受到了前所未有的冲击，其组织、精神层面已经开始发生了变化，现在亟须通过各种传习途径来对乡村少数民族传统体育方面的非物质文化遗产进行保护。

（2）持续性原则

非物质文化遗产的保护是一种大型的系统文化工程，并不是一朝一夕就能够完成的，对而是需要长久地、持续地、全方位地努力，以求形成一个尊重历史，珍惜传统、继承发展的社会意识。在现阶段以及今后的发展过程中，应该遵循"保护为主、抢救第一、合理利用、传承发展"的指导方针，有条不紊地进行乡村少数民族传统体育文化遗产的保护和传承，从而为乡村少数民族传统体育文化的全面发展做出一定的贡献。文化的发展与社会各层面的协调有着不可分割的关系，只有将文化遗产的保护工作提高到社会工作的议事日程上，将全社会的力量动员起来，使社会成员对自己的责任和义务较为明确，才能够较好地落实可持续性。

（3）主体性原则

非物质文化遗产是植根于民族土壤的活态文化，同时也是发展着的传统的行为方式和生活方式，由此可以得出，它是存在于特定群体生活中的活的内容，是不能脱离生产者和享用者而独立存在的。非物质文化遗产是无法被强制地凝固保护的，究其原因，主要是由于它的生存与发展是永远处在"活体"传承与"活态"保护之中的。因此可以说，传承主体与保护主体是进行非物质文化遗产保护的核心因素。乡村少数民族传统体育这种动态的肢体活动能够将强烈的活态文化特质更好地表现出来，传承者之主体的人是至关重要的因素，特别是对有一技之长的乡村少数民族传统体育的艺人这一特殊的社会群体。因此，这就要求国家和社会应给予他们相应的社会地位，为他们保护乡村少数民族传统体育方面的非物质文化遗产提供必要的传承条件，并且使其适当保持应有的"封闭环境"，以及创新在"开放环境"下的传承方式和方法，从而为他们在有生之年将其所掌握的内容尽可能多地传授给下一代创造良好的条件。

（4）解读性原则

能够从历史遗留下来的文化遗产上对它的历史年轮、演变规律进行辨识，对内在的精神蕴含进行了解和掌握，这就是所谓的解读性。一个民族的非物质文化遗产，其中通常蕴含着该民族传统文化中最深厚的根源，形成该民族文化身份的原生和原始的生活方式、行为规范得以保留，并且承载着该民族特有的思维方式、心理图式和价值观念。乡村少数民族传统体育以动态的肢体符号为文化传播提供相应的载体，可以看出其具有很强的通约性，是一种易于解读的文化符号，将这种形象化的文化遗产作用充分发挥出来对于人们全面深刻地认识传统文化是较为有利的。但是，需要注意的是，肢体符号也存在难以解读的部分，尤其肢体符号很难将人的精神境界直接表达出来，而是需要人们不断地深入挖掘和升华才能全面、准确地保护非物质文化遗产。

3. 非物质文化遗产保护的措施

需要注意的是，在对非物质文化遗产进行保护的过程中，还必须要正确处理好经济发展与文化遗产保护之间的关系，创造出一种新的文化遗产保护方式，将多种、多种途径的保护手段运用于非物质文化遗产的保护过程中，这对于乡村少数民族的传统体育的传承和发展具有十分重要的意义。具体来说，在对乡村少数民族传统体育保护的过程中，我们可以采取下列措施。

（1）通过表演树立品牌效应

随着人民的物质条件越来越好，人们的注意力也由注重生存的追求转向了追求精神的享受，对各种民族文化也有了很大的兴趣，他们希望能亲身体验当地的体育民俗，然而，由于时间和地点的制约，很难有真正的如愿以偿。因此，可以通过加强民族体育产业园区的建设，将民族体育休闲区、体育活动中心、体育表演馆等设施建成，提高民族体育的趣味性、娱乐性和休闲性，并定期组织体育比赛，将最原始的民族体育文化展现给大众，让更多的人了解少数民族传统体育的不同之处。总之，要把我国乡村少数民族传统体育这一独具特色的地方文化品牌，以其强大品牌力量向世界人民进行展示。

（2）拓宽公众参与的渠道

拓宽公众对非物质文化遗产的参与和保护，既可以有效地保证其对文化的保护，又可以有效地提升国民的文化素养，是了解和认知高层次体育运动的一种重要途径。一般来讲，可以采用下列一些有效的方法。第一，综合健身，以休闲、健康为核心，以各类消费人群为目标，举办各类体育赛事，例如，羽毛球俱乐部、秧歌队等。第二，挖掘中国乡村少数民族传统体育的特点，建立太极拳馆、武术馆、摔跤俱乐部等配套设施，使广大群众感受到我国乡村少数民族传统体育的独特魅力，并以此来激发人民群众对民族传统体育运动的兴趣。另外，还可以利用中国武术博物馆、苏州中国昆曲博物馆等专业博物馆的成功案例，充分展现中国的少数民族传统体育运动的发展历程，使民众对唐代马球、明朝捶丸、武术、射箭、气功等有更深的理解和认识，使民众能从中体会到国家的精神力量。同时，还可以运用现代化的多媒体技术，构建乡村少数民族传统体育的保护性体系，对其进行常规的观察和研究，并在此基础上，构建与之对应的数据库和展示平台，使广大群众对乡村少数民族传统体育有更深层次的认识。

（3）开发实行商业性体育文化

乡村少数民族传统体育文化发展的实现，其前提条件之一就是形成独具特色的体育竞赛体系，多姿多彩的传统体育竞赛，不仅能够实现文化传播，还能够使民族体育的产业化进程进一步加快，对经济的发展起到积极的推动作用。比如，那达慕大会的举行，让世界开始对蒙古摔跤这一少数民族传统体育运动项目关注起来。多种多样的体育竞赛不仅对少数民族传统体育运动项目间的交流和合作起到积极的促进作用，而且还有效提高了各体育项目的水平。通过举办非物质文化遗产类的体育竞赛，树立新的体育竞赛品牌，能够对体育和社会经济的发展起到积极的推动作用。

要发展乡村少数民族传统体育文化，必须建立一套独特的竞技运动比赛制度，既可以促进少数民族传统体育的发展，又可以促进少数民族传统体育的工业化，促进乡村社会的发展。就拿那达慕盛会来说，蒙古摔跤这个传统体育项目来说，就引起了全国人民的关注。体育比赛形式的多元化，既有利于少数民族传统体育的相互沟通与协作，又能有效地提升各个体育项目的技术水准。通过开展"非遗"运动比赛，建立"新的运动赛事"，有利于促进我国的体育事业和社会的进一步发展。

（4）加强对乡村少数民族传统体育文化的研究

乡村少数民族传统体育的发展离不开专业的引导，必须发挥各类专门技术和技术人才的优势，对其进行科学的调查和整理，以构建一个科学的、具有特色的乡村少数民族传统体育的保护体系，实现乡村少数民族传统体育的保护大众化的目的。同时，要认真借鉴外国优秀的民族传统体育保护的成功做法，以弥补当前我国在少数民族传统体育保护的不足之处，并运用现代科学的方法加以完善。应当设立专业的研究课题，以乡村少数民族传统体育为切入点，以体育、历史等方面的专业人士为研究团队基础，对乡村少数民族传统体育进行深入的探讨与阐释。同时，还可以通过与国家体委、有关的教育机构等有关方面的合作，把这些知识融入教科书中，从而为我国乡村少数民族传统体育的文化教育和传承打下良好的基础。

第三节　我国乡村少数民族传统体育文化的现代化发展模式

一、乡村少数民族传统体育文化发展中存在的主要问题

乡村少数民族传统体育文化的发展已经取得了一定的成就，但与此同时，不可否认的是，该过程中也存在着一些基本的问题，具体来说，主要体现在以下几方面。

（一）乡村少数民族传统体育文化发展中的基本问题

1. 我国乡村少数民族传统体育文化呈现出萎缩的状态

少数民族具有其特有的风俗习惯，其产生、传承、演变、发展等方面对我们国家的发展做出了比较显著的贡献，是我国的传统体育文化体系的一个重要组成部分。就拿舞狮来说，这是我国人民尤为喜爱的一项传统运动，不过，必须指出的是，这种运动最初是在我国的西部地区进行流传的，后来才被传入中原地区，并在汉族和其他少数民族的努力下，逐步发展成了深受多个民族共同喜爱的一项传统体育运动。由于我国是多民族的国度，56 个民族，55 个少数民族，即使同一个民族也会出现"十里不同风，十里不同俗"

的情况，因此这就导致了我国乡村少数民族传统体育文化呈现百花齐放的效果。随着经济的发展，人们的生活方式、思想观念及生活情趣等方面都发生了较大变化，但是留给乡村少数民族传统体育的发展空间却逐渐缩小。例如，我国那些较为典型的民间游戏和宫廷类的游戏，在社会变迁的冲击下，已经基本失去了最初的形态；此外，清朝中期的民间杂技表演，因其政治、经济的衰落也渐渐淡出了人们的视野。

2. 西方体育文化在很大程度上冲击着我国乡村少数民族传统体育文化思想观念

由于中西文化在地域上存在着较大的差异性，因此在人们的生活习惯和文化方面也存在着一些差别。具体地说，在西方的体育中，它更多地表现为冒险、挑战、追求形态美和速度美，而"竞争"是它的精神所在，其精髓在于好胜之处；但就中国乡村少数民族传统体育运动项目而言，它更重视的是人的内在修养，重视人与自然的协调，更重视调心、调养、调身的康健之境。但中国和国外的体育界也有一些共同点，那就是中国的民族传统体育运动和西方的现代竞技运动，都具有明显的娱乐性、表演性和观赏性。随着西方运动的普及，中国乡村少数民族的传统体育文化理念受到了极大影响，从而使我国的体育活动在某种意义上发生了变化，并影响到了乡村少数民族的传统体育文化。随着国家现代化进程的加速，我国的传统体育文化正在受到年轻人的忽视。

3. 乡村少数民族传统体育研究的基础理论较为缺乏

由于我国体育学科建制的时间较晚，长期在西方现代体育的影响下，对乡村少数民族传统体育文化的拓展和开发较为忽视，从而导致乡村少数民族传统体育文化深层次的理论较为匮乏，基础理论较为薄弱。除此之外，乡村少数民族传统体育文化良好的学术环境和氛围也较为确实，一直以来，乡村少数民族传统体育活动的开展处于时冷时热的状态，只有很少数的人对此进行研究，而且研究的持久性和深入程度较为欠缺，这就导致基础理论的匮乏。

4. 社会变革使乡村少数民族传统体育丧失了主要的存在基础

随着时代的变迁，某些具有民族性的运动项目也随之消亡，甚至一些运动项目已经被人们所淡忘。应当明确的是，乡村少数民族传统体育存在和发展的根本是经济的发展。想要实现乡村少数民族传统体育的发展和繁荣，就必须要建立在社会和经济繁荣发展的基础之上。在资本主义经济发达的国家，由于其物质条件和良好的经济运作体制，为其本民族的传统体育发展提供了良好的条件。从这一现实角度出发，我们可以肯定的是，随着我国经济的快速发展，我国乡村少数民族传统体育也必将迎来新的发展机遇。

5. 国民对乡村少数民族传统体育文化产生的自卑感

在很长时间内，由于全球化的影响，国民对中西方文化的"差异"产生了"差距"的心理，开始时对外国有着一种盲目的崇拜感，认为外国的什么都是好的，在体育方面也是如此，同时也认为我国民族体育文化是一种落后的文化。我国民族体育文化已经陷入了巨大的危机中，民族个性逐渐失去。

（二）乡村少数民族传统体育文化发展问题的具体体现

1. 地理生态方面的问题

城镇化是现代国家发展的一个重要趋势，但是，由于我国有着较为特殊的国情，人口众多，仍有半数以上分布在广大乡村，这也表明，要实现真正意义上的城镇化，还有很长的路要走。随着城镇化的不断向前推进，以及水利交通设施的大规模兴建，原本联系极为紧密的各个聚落，被新修建的各种高速公路、铁路所分割开来。在城市化不断推进的过程中，城市的发展规划出现了失控的情况，城市空间的发展也呈现出不规则的状态。在这种情况下，人们的生存区域被分割成了更多的地理区域，这就导致传统文化遭受到了严重的破坏，赖以生存的地理生态环境被逐渐分割，这对传统体育文化的发展和传播是极为不利的。对于乡村少数民族传统体育文化来说，其需要多个村落或者族群共同支撑才能实现良好的发展。而且，对于一些传统体育文化来说，其产生的基础是建立在当地青年的婚恋与嫁娶之上。

综上所述，我们可以看出，乡村少数民族传统体育文化持续性发展必须要在多个群族中才能实现的，而现代社会发展所造成的地理上的分割，使得传统文化发展的空间逐渐萎缩。城镇化的快速推进，对我国乡村少数民族聚居地也产生了很大影响，很多地区都开始修建高速公路。从这里我们就可以看出，城镇化的推进所人为造成的地理生态上的分割，未来还需要持续很长一段时间。

应当明确的是，文化赖以生存的基础是地理环境。因此，乡村少数民族传统体育文化发展中要面对的一个重要问题，就是城镇化问题。这就要求高度重视城镇化问题，使这一问题的解决为乡村少数民族传统体育文化的发展提供一定的帮助。

2. 体育项目分布方面的问题

在西方近代体育的冲击下，乡村少数民族传统体育活动方式开始逐渐被弱化，而与此同时，西方现代体育也开始逐渐登上我国主流体育舞台。可以说，奥运会项目以西方体育项目为主的现状以及我国政府与社会意识形态作用，在一定程度上促进了西方体育项目普及化的进程。目前，我国的学校体育开展的课程中，绝大部位是西方体育项目，而乡村少数民族传统体育项目则相对要少，而且乡村少数民族传统体育项目的保护与开展也有着一定的困难，发展势头较西方体育要弱很多。这是我国乡村少数民族传统体育文化发展的一个重要问题。但是，也应该注意到，乡村少数民族传统体育有着几千年的文化传统和积淀，很多传统体育项目有其生存的底蕴与空间，较为具有代表性的体育项目有少林功夫、太极拳、荡秋千、高脚马等。这就为乡村少数民族传统体育文化的发展奠定了坚实的基础，要求在此基础上，采取相应的措施，进一步促进乡村少数民族传统体育文化的发展和普及。

在当前这一形势下，乡村少数民族传统体育在西部较为封闭的省市开展得要相对多一些，还有一部分学校将乡村少数民族传统体育项目逐渐引入到学校教育中。除此之外，乡村少数民族传统体育项目也逐渐在全国民族传统体育运动会、全运会、农民运动会等赛会中北引入，这就在一定程度上为民族文化的传承奠定了坚实的基础。尽管乡村少数民族传统体育有了一定的发展，但西方体育项目仍是主流，乡村少数民族传统体育项目的存在在政府组织的施政倾向中仍然被边缘化。

3. 群体年龄结构方面的问题

少数民族传统体育文化主要在民间，尤其是广大乡村存在，其中，抢花炮、板鞋竞速、抛绣球、蚂拐舞等都是较为具有代表性的乡村少数民族传统体育运动项目。很久之前，我国人口流动相对缓慢，乡村少数民族传统体育项目传承人的群体年龄结构有一定的稳定性特点。但是，随着改革开放的不断推进，我国人口流动速度开始进一步加快，尤其最近几年，已经在不同程度上影响到了广西、云南、新疆等边远山区。目前，越来越多的青壮年涌入城市，乡村的群体年龄结构发生了一定的改变，主要表现为：老年和少年儿童比重很大，而青壮年较小。在城市之中，其年龄结构主要表现为：两头小、中间大。人口流动的方向以向城镇单向流动为主，在这种情况下，逐渐形成了广大乡村与城市人群的年龄结构不均衡的现象，乡村少数民族传统体育文化传承的土壤也逐渐开始失去，群体年龄结构上的断层开始呈现出来。而对于乡村少数民族传统体育文化的发展来说，青壮年是其主要力量，鉴于上述这种群体年龄结构，许多乡村少数民族传统体育运动项目的发展受到了一定的限制，随着时间的不断流失，部分乡村少数民族传统体育项目的发展和传承出现断层，这就在一定程度上对乡村少数民族传统体育文化的发展产生了制约作用。

二、乡村少数民族传统体育文化的发展策略

（一）实现乡村少数民族传统体育文化与现代体育文化的有机结合

乡村少数民族传统体育文化的发展趋势之一，就是将乡村少数民族传统体育文化与现代体育文化有机结合起来；同时，这也是解决乡村少数民族传统体育文化发展中出现的问题的重要措施之一。中国乡村少数民族传统体育文化对人身体内在的修炼较为重视，强调调心、调养、调身的康健境界，比较具有代表性的乡村少数民族传统体育项目主要有以养生为主的气功、武术等，这些都充分诠释了中国乡村少数民族传统体育文化。同时，随着社会的进步，人类文明程度的提高，全球文化的交融，中国乡村少数民族传统体育文化必然会走的一条发展道路，就是中西合璧。因为要想得到长远的发展，就必须在内容和形式上不断创新。

（二）虚心接受世界各民族文化

我国的民族体育文化应该将那些扼杀体育竞争性的"民族本位论"摒弃掉，需要强调的是，我国乡村少数民族传统体育文化应该讲原有思想框架突破，敞开大门，将现代科学成果大胆地引入进来，有选择性和目的性地接受和吸纳现代优秀体育文化，并且与世界各乡村少数民族传统体育文化有机结合起来。随着全球化的程度越来越高，各国间的联系也越来越紧密，同时再加上我国现代化进程的不断提升，我国乡村少数民族传统体育文化正在被世界上许多民族所接受，成为沟通东西方文化的桥梁。

（三）加大学校教育的发展力度

作为体育的摇篮，学校是发展民族体育文化的重要场所。中国乡村少数民族传统体育文化进入学校，不仅能够使学校体育教学内容得到较大程度的丰富，而且对于学生体育锻炼的兴趣的提高，树立"健康第一"的指导精神都具有非常重要的影响和意义。作为我国民族文化的组成部分，乡村少数民族传统体育文化具有较为显著的功能，主要体现在养生、娱乐、健身等方面，这些功能对受教育者的身体素质、心理素质、思想素质、以及文化素质的提高产生的作用是非常重要的。"武术""气功""太极拳""摔跤"等都是当前较为普及的乡村少数民族传统体育项目，能够积极培养学生的动手能力，有效提高思维，对智慧起到一定的启迪作用。以太极拳为例，其在学校中的开展，让学生对太极拳的独特的健身和娱乐价值有了更加深入的了解和认识，从而激发学生对太极拳的热情和兴趣。由此

可以看出，学校对于乡村少数民族传统体育文化发展的重要意义。因此，这就要求高校也应该积极开展这类民族体育活动，使之成为一种文化，得到发扬光大。

（四）积极开展世界各民族体育盛会

近年来，中国开始逐渐走向世界，比如，加入 WTO、申请奥运会、举办世博会等，我国将独特民族文化的魅力逐渐推向了世界，让世界人民更加全面深入地了解和认识中国的文化，领略到期独特魅力；同时，中国也做好了迎接世界各民族文化挑战的准备。2008 年的北京奥运会和 2022 年冬季奥运会的顺利开展，不仅是奥林匹克运动会史上的一座丰碑，同时也将五千年我国民族的深厚文化底蕴充分展现了出来，全方位、立体式地诠释了古老东方民族文化，可以说，这是我国乡村少数民族传统体育文化发展并弘扬光大的大好契机，将我国乡村少数民族传统体育文化精髓很好地融入奥林匹克运动文化中。在北京奥运会中受益最大的是"武术""太极""摔跤"等瑰丽珍宝，这些乡村少数民族传统体育文化得到了充分展示，尤其是万人太极让世界人民看得目瞪口呆，掀起了世界范围内极大的学习热潮，这也为我国乡村少数民族传统体育文化的进一步发展和传播创造了良好的条件。

总的来说，我国乡村少数民族传统体育文化的发展是个漫长的过程，应从世界不同民族文化中汲取营养精华，将与当今时代发展不相符的糟粕部分摈弃掉，从而达到丰富和发展我国乡村少数民族传统体育文化的目的，为世界民族文化做出贡献。

第五章

我国乡村少数民族传统体育文化发展中的
乡贤治理研究

第一节 乡贤文化相关概念的界定

一、乡贤

伴随着我国的经济体制和社会体制改革，我国的乡村建设也得到了很大程度的发展，也获得了新的时代内涵。本节我们所讨论的是乡村发展中一个关键因素，乡贤问题，主要从"乡贤"的内涵、概念的演变及其特征等方面来进行论述的。

（一）乡贤的内涵

对于"乡贤"的研究，大部分的研究者将他们看作在乡村地区有德行、有才学、有权威、受人尊敬的人。强娇娇认为，乡贤应当指的是那些在基层地方，有德行、有威望、有能力，并且能够被乡民所推崇和尊敬的人。胡鹏辉和高波继指出，现代乡贤是指有财富、有学识、有道德、有情怀，能够对乡村的政治、经济、社会环境有影响，并乐于奉献的优秀人才。徐丹提出，"乡贤"是指有文化、有德行、有才华、有威望、对乡村社会事业有热心、对乡村发展和管理有积极作用的人。张静，王泽应表示，"乡贤"是乡村中德行高尚、才华出众，在地方上有权威性和影响力的人物。总而言之，乡贤指的是乡村那些学识渊博、德行高尚、德行出众、声名显赫，在文化传承、引领乡风、和谐乡里、推动公共事业等领域作为突出的人士。

（二）乡贤的概念演变

在中国古代，"乡贤"一般被称作"乡绅"，这种"士人"大约产生于明、清两代，在乡村发展过程中，他们处在政府的强权和行政权的约束之下，担负着管理地方事务、维护地方秩序、提倡社会精神和文化等方面的职责。乡绅是乡村社会有头有脸的人物，如科考的落第士子、有文化的中小地主、退休的官员、宗族的长辈。在这个时代，乡绅不但享有一些官吏的特殊权利，而且可以凭借自身在经济、政治、文化等方面获得的有利条件，来实现对平民的控制。因为"皇权不下县"，中央政权在乡村治理上会显得软弱无力，因此，乡绅成了中央与民众沟通的纽带，同时也为稳定乡村秩序、促进乡村治理、带动经济发展起到了关键的作用。1905年以前，由于取消了科举制，打破了原有的社会关系，使乡绅的传承和变迁受到了干扰，乡绅文化逐步走向衰败和分化。在中国乡村逐渐步入近代，乡村从封闭走向开放的转型过程中，传统的文化习惯与近代文明发生冲突，使乡村治理面临空前的考验，这时候就诞生了适合于新时代发展的现代乡贤。

（三）乡贤的特点

费孝通曾经说过："跳出龙门者，不会忘了自己的家乡，至少在他们年迈之时，他们会回到自己的家园，竭尽全力地利用自己在外面所获得的权利和好处为家乡谋福利。"费孝通所指的这些人恰好就是现代的乡贤，是一群有着"献身"精神的当代精英。从乡贤的内涵上看，其具有以下四方面的特征。

第一，地域性。乡贤长期在某一地方生活、生长或工作，长期的影响，不但培育出对故乡的浓厚情结和对故土的情怀认同，还会不知不觉地将当地社会特定的文化思想与价值体系内化于心、外化于行，这是他们更愿意将自己的优势资源致力于故乡建设的内在动力。

第二，品德高尚。乡贤不但具备高尚的品德和精神境界，更重要的是，他们有着勇于担当的社会责任与献身的意识。他们将优秀的品质和成绩与乡村的发展紧密地联系起来，并主动为乡亲服务，做好榜样的带头和表率。

第三，才能突出。"乡贤"是指受到社会良好的社会文化熏陶，在一定的专业或领域上有着卓越的学识、才干和阅历，他们不但可以轻易地掌握当地的政治、经济、社会和文化资源，同时也容易获得当地的乡民对"乡贤"的认同、信服和尊重。

第四，权威性。乡贤以其品德才学、处事公正、乐于助人、远见睿智、多谋善虑等特点而深得村民的尊重与拥护，在乡村具有相当的社会地位。同时，他们能够在一定程度上遵循本地的价值观，认同当地特有的文化理念，能够获得乡民的期望与认可。

二、乡贤文化

2016 年《十三五规划纲要》明确提出"加强乡村文化建设，培育新乡贤文化"。近几年，随着乡村振兴战略的深入实施，乡贤文化在乡村发展中发挥的意义和作用日益凸显，人们对乡贤文化的关注度也越来越高。

（一）乡贤文化的内涵

乡贤文化在乡村社会中的地位日益突出，学者们越来越重视对乡贤文化的深入挖掘，以充分利用乡贤在引领乡村文化、树立文明乡风方面的特殊作用。王泉根提出，乡贤文化一般都来自广大的乡村地区，考察地方名人、士大夫的品德、功绩，以此作为"弘文励教，构建和谐社会"的一种文化观念和教育方法。陈秋强指出，"乡贤"是由一代代的"乡贤"在漫长的时间里，经过不断地沉淀所塑造出来的榜样文化和先进文化，在一定地区发挥激励引领作用，是一种极具价值的文化形式。季中扬、胡燕认为，乡贤文化蕴含着古代先贤所传承下来的"以德服人""热心公益"，维护乡村社会秩序的优秀传统与人文精神，同时也包含了对传统乡贤精神的传承与创新。张青和郭凯发现，"乡贤"与乡村的"社会责任"价值观有着密切的联系，能够为培养乡村青年"社会责任"感提供大量的教育资源。总之，笔者以为，乡贤文化是在乡村地区的基础上，对地方名人、时贤留下的文物、文献等物质财产和思想观念、社会规范等精神财富的综合体现。

（二）乡贤文化的重要载体

中国数千年的发展，已经形成了具有鲜明民族特色的传统文化。历来，在地方有较大影响力的传统乡贤，都坚持将传统手艺传承视为建设社会主义和谐乡村的重要内容。认为应该采取工业化的方法保护、传承和改造这些工艺，使之能够在当前的乡村地区实现可持续发展。要进一步指导乡贤，大力发展手工艺品，充分利用手工业的优势，带动农户脱贫致富，转变过去很多乡村手工技艺"勤劳不脱贫致富"的状况，在当下显得尤为重要。

1. 地方文献是乡贤事迹的载体

（1）家谱、家训文化

中国人一向重视宗族血缘关系，而联系宗族关系与血缘关系的无形纽带，则是从各个姓氏中传承而来的家谱、家训文化。其不仅是对中国古代乡贤文化进行深入挖掘的珍贵材料，而且在我国古代传统文化的发展中也产生了重要的影响。

家谱和家训文化源远流长。汉语文献记载中，家谱有多种名称，也被称为谱牒、族谱等。主要是记载自己祖先的起源、血缘，以及这个家族在繁衍发展中发生过的重要事情。在夏、商、周时期，族谱就有了初步的发展，到了周朝，就有了专门的编撰、修改族谱的体系，还有一本专门针对上流社会的《世本帝系篇》。而朱熹，则是在宋朝时，将族谱称为"家宝"。族谱上往往会有族规和家训，族规不仅可以让族人更加服从国家的律法，也可以让族人在家族中建立自己的威信。族谱中某些方面的内容，例如，禁止赌博、打架、偷盗、嫖娼等，都有教化人民的作用，可以保障社会的安全和安定。这些作品蕴含着中国传统的文化价值观，赋予了我们深刻的民族认同感。

如今，对家谱和家规的重新修订，可以更好地推动族人的凝聚力，从而形成一种良好的社会氛围。家谱、家训作为一个家族的传统，是一种教育后人的行为准则，它是一种文化的力量，它的价值在于规范和引导族人的行为和道德标准，是一种强大的文化力量。《颜氏家训》《柳氏家训》《朱柏庐治家格言》等古代经典著作，在继承和弘扬中华优良传统的同时，既能成为优秀的道德教育教材，又能有效地维护家族的伦理关系，提高个体的品德素质。

（2）乡规民约

我国的乡规民约是从古代开始就有的，其历史可以上溯至汉朝。乡规民约在发展的历史进程中，乡贤阶层已经认识到其对乡村的治理具有重要的引导和约束作用。作为乡规民约制定与完善的领导者，他们一直在努力建构乡规民约，对推进乡规民约的发展发挥着重要的作用。在北宋以前，乡规民约尚处在萌发期，而《吕氏乡约》的问世，则成为具有教化性意义的独立村规，在当时的乡村社会中也发挥了重要作用。然而，自明清以来，村规的发展与演进逐渐被正式层面的参与所取代。一时间，村规民约无论是规模、数量还是品质，都以前所未有的速度发展着。同时，由于村民自治制度自身所反映的乡村管理目标逐渐淡化，无论是在内容还是形式上，都逐渐融入当地、国家的方针之中，丧失了原有的特征，偏离了原有的基本原则和目标。但是，在中国特殊的革命年代，也出现了许多与革命战争相适应的村规民约，如抗日爱国公约、防奸公约、支前公约等。新中国成立后，乡规民约又有了新的发展。一些法律条款明确规定了，全国要实行全民理想教育、道德教育、文化教育、法制教育，在广大乡村和广大民众中间，制定和实施各种规章制度和公约，以加强我国的社会主义精神文明建设。

对于乡规民约来说，很多都是由地方的乡贤来制定的，其中的内容主要是告知民众在日常生活中的一般规则和风俗习惯。例如，与他人相处要和蔼可亲；邻里关系要和谐，要团结，要防止冲突。贵州省腊利寨现存的"寨规"中也记载了类似的东西，"人们陷入困境时，亲友们要伸出援手；不可以自己的财富作恶，欺压良民；在路上要为行人留出一条路，为耕作的人们留下一条地垄"。乡规民约既是一种良好的社会风尚，也是一种稳定社会运行的保障。

梁漱溟指出，所有的社会团体都是以家庭为核心的；一切的人际关系，都是建立在家庭的基础上。在相对封闭的乡村，乡规民约始终扮演着一种稳固的角色，他们将村民的共识融入村民的生活和物质生活中，与村民的道德观念、价值观念和伦理标准相一致。乡规民约在现代社会发展的大环境下，依然具有很大的作用，它对于维护乡村社会关系、维护乡村自然秩序发挥着重要的作用，并在乡贤持续的努力下逐步探索出一条崭新的变革之道。

2. 文物遗迹是乡贤文化的遗存

宗祠供奉的先贤和祖先包含着一种强烈的历史感、认同感和向心凝聚力，也是乡贤文化不可缺少的一部分。

被誉为"中国宗祠之都"的邵阳市洞口县，在央视 4 频道的《走遍中国》栏目《家族传奇 500 年》上播放了它的祖庙。邵阳洞口，相传为尧王立都之所，这块地方的祖先扎根于此，形成了中国的"文脉"神庙的壮观景象。其中，有曲塘杨氏祠、金塘杨氏祠、曾八支祠、兰陵会馆、王氏宗祠、廖氏宗祠等 11 个文物保护机构。洞县村祠堂具有鲜明的民族风情和地方特征，在实用性和功能性上都得到了很好的结合。湖南省洞口县第一次宗祠文化旅游节于 2016 年 5 月正式开幕，目的是邀请专家学者、海外宗亲和当地宗亲参与，举办宗祠文化交流、宗亲交流，传播中华优秀文化，创建"洞口宗祠"文化旅游品牌。

浏阳市是一个聚落众多家族的地方，宗祠文化底蕴深厚，在全市拥有 260 余座宗祠家庙。浏阳市通过"一祠堂一特色"的活动方式，为宗祠文化的传承注入了新的活力。文家市蔺氏是蔺相如的后人，蔺相如是著名的政治家、外交家，蔺氏祠堂除不定时地组织蔺氏家训研习会之外，还会在这里举办"冬至祭祖传家风"活动，迄今已有将近三百年的历史，以此来向后人弘扬蔺氏家训的优良传统。通过不定时举办的家训研习会上，蔺氏早就将"和家"的"和"之精髓融入心中，化作蔺氏续写和睦、善良温暖的精神传统。

3. 民间艺术是乡贤生活的实证

民间艺术历来都是由民间创作、使用、欣赏的一种艺术形式，在民间艺术的形成和发展过程中，尤其是皮影、剪纸等，其形式多样，内容丰富，是一种最淳朴、最天然、最有价值的艺术形式，我们可以从民间艺术中发掘创作的养分。

（1）中国传统皮影戏与现代舞的奇异结合

皮影戏是中国古代的一种传统戏剧形式。它发端于汉朝，至唐代、宋代为鼎盛之时。经过两千多年的发展，皮影艺术发展到今天，与国内其他艺术形式相比，它形成了独有的文化特色。皮影戏是以"影窗"为载体，利用影壁的投影技术，结合人文艺术、美术等艺术形态，借助光线投射出的阴影，呈现出中国最经典的代言体表演。

唐山的皮影有着悠久的发展历史。它是中国最具代表性的一种皮影艺术类型，它源于滦州，是由本地艺术家黄素志所创的。皮影在乐亭一带深受广大民众的关注与喜爱，到了后来，才有了今天的"滦州影""乐亭影"。乐亭县于 1966 年被国家文化厅授予"皮影之乡"的称号。唐山有一只由 62 多岁的高龄舞蹈团——"俏夕阳"，荣获了国家和省级多个奖项。他们创作出富有创意并独具特色的《俏夕阳》皮影舞蹈，也在 2006 狗年春晚中获得了佳绩。他们在演出后获得了巨大的反响，并于 2012《中国达人秀》上加入了当今最受欢迎的机械舞。"俏夕阳"实现了传统文化与当代艺术的成功结合，为皮影戏的传承和发展上做出了巨大贡献。

（2）剪纸艺术和儒家思想的完美融合

作为汉族民间最早的民间美术，剪纸艺术通过各式各样的剪纸图案，在烘托节日气氛的同时，也为人们带来了丰富的文化体验。春节的窗花，婚礼上的"喜"，葬礼上的横幅，都是对情感的寄予。在乡村的传统中，剪纸成为每位乡村妇女休闲时间里的一项消遣，不仅可以表现出每位姑娘的聪明才智，也成为评价新娘的一个标准。剪纸是民间日常生活中的一种自然的存在与传承，已经是乡村居民日常生活的重要组成部分。无论居住在南方还是在北方的人，大多用剪纸的形式来表现生活中的不同故事。

中国最神奇的民间剪纸应该是古代荆楚时地区的民间剪纸。巫术一度盛行于当地，相关的调查表明，荆楚一带自古就有许多神秘的风俗习惯。巫婆们会用各种剪纸做各种与召唤鬼神有关的宗教活动。其实，那是因为人类害怕大自然而产生的一种图腾崇拜，以求能够得到神灵的庇护。

荆楚地区的剪纸艺术不仅是热门信仰巫术的体现，而且也表现出了荆楚地区的人们对于图腾的信仰，也是对儒家思想的展现。林世柏是当代荆楚民间巫术信仰剪纸的重要代表人物，他在荆楚剪纸的艺术传承中，运用现代化的技法，突出荆楚民间的文化内涵，通过民间的剪纸来折射出荆楚民间的风俗习惯，传达出对美好事物的向往和吉祥的文化理念。他的作品内容广泛，包容了多种事物，与儒学的思想融为一体，在一定程度上起到了引领社会风尚的作用。

三、乡贤文化资源

文化资源是指人类在社会中所进行的所有与文化活动相关的生产、生活等方面的全部活动。黄永林指出，必须妥善解决文化遗产保护和利用、社会效益和经济效益、传统文化和当代文化之间的各种关系，从而使乡村传统文化资源和文化产业得到发展。徐丽葵将乡村文化资源的内涵界定为：乡村在长期的社会实践中，由乡民所创造的，物质层面的文化产物和精神层面的文化活动的总和。孙凤毅教授指出，文化资源指的是，可以推动地方经济和社会发展的有形和无形的资源。基于文化资源的含义，又拓展了"乡贤"的内涵，认为所谓的乡贤文化资源，实际上指的就是与乡贤文化所相关的所有精神和物质文化资源总和。

乡贤、乡贤文化、乡贤资源三者之间是密不可分的关系。其中，乡贤是"贤人""崇德"的重要载体，承担了传承和传播乡贤文化的重任。乡贤文化是中国传统文化的一种珍贵的资源，乡贤文化是乡贤文化资源的来源，对乡贤文化资源进行合理的开发和利用，能促进乡贤与乡贤文化的良性互动，引起起人们对家乡的认同感，增强乡村社会群众的凝聚力，为吸引乡贤回归乡村地区，打下了良好的基础，并且为乡贤文化的传播与弘扬，也提供了有效的方法和途径。

四、乡贤文化的相关理论基础

（一）现代乡村治理理论

1989 年，世界银行第一次在《南撒哈拉非洲：从危机走向可持续增长》中提到了治理的观点，并在 1992 念发表的《治理与发展》一文中作了更多的论述。西欧在进入缓慢增长时期后，由于经济发展缓慢，造成了贫富悬殊、劳动矛盾日益突出、劳动关系日趋恶化、犯罪问题日趋突出等诸多问题，左翼在这一时期内，提出了不同于"凯恩斯主义"与"福利国家思想"的理念，并由此产生了"第三条道路"的理论，也就是我们所说的治理理论。美国的罗西瑙认为，治理和统治是两种不同的概念，所谓的治理指的是在同一目的指导下进行的管理活动，其活动并不需要政府的官方许可，就可以充分发挥作用价值。早在 1998 年，由徐勇先生领导的华中师大中国乡村问题研究中心率先引入"乡村治理"，这一理念的产生是基于当时在欧美盛行的"三农"管理理念和中国人民在国家建设过程中的大量实践。

"乡村治理"是一种被普遍运用于乡村管理工作的理念方针，被各大学者所探讨和论述，使得其内涵得到了进一步的拓展和充实。在乡村的现代化治理中，必须把乡村的治理资源进行有效的集成，并建立起村民的自治管理制度；强化乡村法治建设，推进乡村社会法制化水平；提升乡村道德规范，构建乡村社会的德治秩序。应当明确的是，自治、法治和德治是维持乡村社会管理模式健康运行的三种不同的管理模式，我们应该通过"三治融合"来实现乡村社会秩序的良好发展，为乡村治理打造一条有效的实施途径。

（二）文化认同理论

20世纪50年代早期，美国知名心理分析家埃里克森首先提出了"文化认同"理论，这一概念指的是，一个群体内的人在一个民族内长期共同生存而产生的一种对自己民族内最有意义事物的肯定和认同。所谓的文化认同，包含的内容多样，如价值规范认同、风俗习惯认同、宗教信仰认同、语言认同等。从一定程度上讲，文化认同是一种"自我认同"，具体表现在三个层面：第一个层面，它与人类存在的生命意义相适应，并通过潜意识的方式来改变人类的生活方式、行为方式、价值观念和思维方式；第二个层面，文化可以被看作"根"，其是在个体的基础之上，通过遗传民族特性，以"集体无意识"的形式，先天性的给个体的精神结构中塑造了某种"原型"，表达着对家乡深厚的思念之情；第三个层面，文化认同与族群认同、血缘认同等具有交叠关系，它们将人类的多种认同融入文化认同之中，以防止由于认同上的分歧而产生矛盾与冲突。乡贤文化是乡村地区的一个重要文化象征，它在乡村起到了表率的作用，其生命历程与心灵力量常常是值得人们学习和推崇的。无论是在过去还是在现代，在经济、社会、文化、生态等各个领域，都出现了各种各样的贤人，他们或道德高尚，或学识过人，或技艺出众，从而形成了一个社会阶层，并逐渐升级为一种乡贤文化。由于大部分的乡贤都是在乡村环境中长大的，因此他们和当地群众的风俗习惯、生活环境、语言表达方式都是一样的，因此乡村群众更容易激发出对乡贤文化的认同。

（三）文化权利理论

法国的思想家布尔迪厄和印度知名的历史学家兼汉学家杜赞奇，是当代文化权利理论中最具代表性的人物。布尔迪厄作为当代最著名的社会学家，其关于"文化"和"权利"间关系的认识和理解，在当代的社会学领域中产生了重要的作用。他从文化与权力的再生视角描述了文化、社会结构与为之间的关系，并在《文化与权利》中引入了"权利符号理论"，要对该理论进行充分的认识和理解，首先必须要对"习性"与"场域"这两个基本观念有正确的认识。其中，"习性"强调了人类的行动是怎样被规制的；"场域"则被界定为位置之间客观关系的图式。在相当长一段时间内，布尔迪厄都对个体和群体利用文化资源来维持自身的特权和地位这一现象进行了研究。从布尔迪厄的相关著作中，我们可以找到答案，必须要要求文化资源、实践和结构在一定程度上发挥其功能和作用。杜赞奇从文化与权利的结构与联系出发，论述了乡村的文化和权利，他在《文化、权利与国家》中提出，象征符号、思想和价值观，实质上都是政治的，它们是统治机器的一部分，或者可以是反叛者的武器，或是二者兼而有之。在该书中，杜赞奇建构了"权利的文化网络"学说，认为乡村社会的政治权威是由组织结构和象征规范为基本架构的。基于这样的认识，杜赞奇从中国乡村特有的宗教与宗教组织入手，将面子、人情等"社会资本"与中国的"社会资本"相结合，对中国乡村地区的权利维持与继承进行了深入的剖析。我们要对其进行反思，了解其在历史上发展的脉络，对解决当前乡村社会问题提出具有建设性的观点。

五、乡贤文化的现代意义

作为中华优秀传统文化的一项重要内容，乡贤文化是中国人民群众所产生的一种具有丰富的人文价值和精神财富的思想资源。传承与发扬乡贤文化，实现乡贤文化在乡村建设中的带头示范的作用，是推动乡村建设和文明进步的关键。

（一）传承优秀的传统民族文化

乡贤文化是中华民族优秀传统文化的一种体现，它在人类社会和文明发展进程中，继承了"孝""德""尊老爱幼""礼义廉耻""勤劳致富"等高尚品格。在乡村生活的群众，大多都有着血缘或是亲戚关系，他们拥有同样的历史文化背景，生存模式和习俗都是一样的，因此他们在行为心理和价值取向上都是一致的。在本民族和当地传统文化的影响和引导下，有利于弘扬和践行乡贤文化，引导个人的道德标准、行为规范、世界观、人生观、价值观等向好的方向发展，并在当地村民的普遍心理中逐渐形成、积淀和渗透。从这里我们可以看出，推进乡贤文化的建设，是增强地方文化自信、增强文化软实力、传承与发扬本地区文化的重要途径。

（二）促进乡村精神文明的建设

在中国乡村的传统文化中，乡贤文化不但继承弘扬了榜样文化、乡土文化、耕读文化、美德文化、礼治文化等多种形式的优良文化，还实现了道德引领、村民自治、乡村治理和保持乡村社会秩序和谐稳定的作用。然而，伴随着城市化的加速发展，乡村的物质文化越来越发达，但乡村的精神文明却日渐衰落，乡村的和谐也在持续地受到损害。乡贤具有道德、学识、技艺精湛等优势，在当地具有很大的权威和号召力，能够通过自己的行为规范、自觉地履行社会主义核心价值观，在不知不觉中对周围人产生了影响，是实现乡村文明的一个助推器，也是乡贤文化传承与建构的重要支柱。大力推广乡贤文化，既能解决乡村居民的精神生活需要，又能有效地解决乡村的各种矛盾，对乡村文明建设的实现起到了重要的作用。

（三）丰富公共文化的服务内容

在乡村文化的发展进程中，许多知识渊博的文士、民间艺人、匠人作为"文乡贤"，是中华传统文化的重要载体，他们以高尚的品德和高超的技艺，在乡村社会中树立了良好的形象，起到了带头和示范的作用；他们继承传统，传授技艺，凝聚人心，充实地方的公共文化。比如，传统的民间非遗传承人，既能传承当地的知识，又能继承先人所传授的经验和手艺，还能在日常的生产和生活中不断完善，从而使之成为丰富乡村文化、弘扬社会主义核心价值、改造乡村文明的一支重要力量。近年来，我国的政府越来越重视民间非物质文化遗产在社会上的作用，制定了相关的保护政策，建立了传承基地，开展传承活动。坚持以国家为主、以人民为中心的发展方式，大力扶持和推动了乡村公共文化事业的发展，将乡村公共文化与乡村文明有机地联系在一起，推动社会主义核心价值观在社会的基层扎根。

（四）助推文化创意产业的发展

"乡贤"是一种在中华传统文化中绽放着特殊光彩的一种类型，它为文化创意行业注入了底蕴深厚的灵魂，文创行业也为乡村振兴提供了一条新途径。一方面，通过展现乡贤的先进事迹，讲好乡贤故事，开展道德讲堂，创办文化礼堂，把乡贤文化和旅游产业有机地结合起来；另一方面充分发挥乡贤文化资源的特色，打造一批如纪录片、微电影、电视剧、访谈节目、小品、相声等种类繁多的影视文化创意产品，让更多"乡贤"从幕后走向舞台，引领大众尊重乡贤、学习乡贤、争当乡贤，更好地推动社会主义核心价值观在基层扎根、开花、结果。因为文化创意产业具有系统性、普遍性、广泛性、广泛性等特点，所以，发展乡村旅游产业能够为广大人民群众带来更多的精神文化商品，从而提高人们的文化自信。

（五）带动乡村经济社会的发展

乡贤大都是来自于各个领域的成功者，他们或具有专业技术、先进管理经验、超前思维、开拓创新的能力，无论是"在场"或"不在场"的乡贤，都会竭尽全力地运用自己的知识、资金、信息和人际网络来回报自己的故乡。在乡贤文化的影响下，村民们自觉遵循村规，和谐相处，邻里互助，有利于促进乡村工业发展，促进地方经济发展；乡贤可集聚多方社会资源，组织引领村民们带头发展特色农业产业，创新农业产业发展新模式；由乡贤们带领新的知识和新的技术到乡村，通过扩大农产品的销售，带动了农民的生产，提高了农民的收入和生活水平；乡贤可以对村干部进行协助，根据实际情况，充分发掘本地的资源、历史文化，利用网络进行地方特色的旅游业推广，实现乡村多方面的发展。

（六）促进环境与生态安全的保护

近年来，乡村旅游业的迅猛发展给乡村工业发展和农业增产增效提供了空前的机会，但也面临着许多问题。乡村居民总体素质偏低，为了一时的利益，不惜以牺牲当地生态环境为代价来发展经济，导致我国一些乡村地区的生态环境面临着被过度开发的情况，当地出现了严重的环境污染、生态资源退化和资源紧缺等情况。乡贤具有战略性、前瞻性、系统性和开放性的思想，深知保护生态就是保护生产力，发展生态就是发展生产力，建设金山银山的先决条件就是要把绿水青山作为发展的先决条件。所以，在实现经济效益和环保效益的均衡时，必须充分利用"锦囊团"的作用，根据实际情况制定出符合群众需求的、符合实际的、具有示范效应的乡贤榜样力量，使乡民在日常生活中就能认识到保护生态环境的重要性。

（七）塑造乡村独特的文化品牌

中国的传统乡村社会历来都有着重贤尚贤的优良风气，从而形成了带有地方精神和文化烙印的乡贤文化。当前，随着国家对乡村建设的关注，更多的乡村投身到了发展文化服务产业的事业中去。但是，由于缺少特殊的历史背景和工业支持，使得乡村的同质化问题比较突出，形成了"千村一面"的局面，因此充分发掘和利用具有代表性的乡贤文化资源就显得尤其重要。生活在不同的地域，就会产生出一种独特的风俗习惯，这也是为什么不同地域的居民，会被赋予一种特殊的地方印记。在乡村旅游开发方面，重点发展乡村特色文化，以保护名胜古迹、生态环境、挖掘当地特色文化遗产、打造生态宜居美丽乡村、宣传地方文化、乡村特色等方式来发扬乡贤文化资源，塑造乡村独特的文化品牌。

第二节　我国乡贤文化形成的历史渊源、特征及时代价值

一、乡贤文化形成的历史渊源

乡贤文化生长于中国优良的传统文化土地之上，有着悠久而厚重的历史文化根基。其中，儒家、道家等学派在乡贤文化发展和演进过程中起到了很大的作用，并为乡贤文化的产生奠定了坚实的理论依据。

（一）乡贤文化的形成脉络

氏族文化起源于氏族，长辈们将自己在艰苦的生活和环境中所掌握的生存经验和人生阅历传授于后辈，这就是最初的"文化"积累。在周代，有"三老五更"的祭祀仪式，而三老五更则是对乡贤文化的原始表述。

到了汉代，乡贤文化发展迅速，三老体制被官方正式确定下来。有能带领村民做好事的老人，在县令、县丞、尉的带领下，一起来教化村民。自那以后，有关乡贤文化的文献就越来越多了，《后汉书》中说："郡人甄子然、临孝存知名早卒，融恨不及之，乃命配食县设。"甄子然是出了名的孝顺，在他死后，朝廷下令让他和土地神共享春秋致祭，这就是对乡贤进行祭祀的开始。唐朝刘知几曾说："郡书赤矜其乡贤，美其邦族。"这是第一次在文献中使用"乡贤"一词，并且对乡贤群体给予了很大肯定。隋唐科举制度的建立，打破了官位世袭制的传统。此后士人读书风气盛行，士阶层的人数也大大增加。不管是归乡的官员，或是已经出仕的读书人，都有机会成为乡贤，其背后的价值观对于改善当地民风来说具有重要倒入作用，同时也促进了乡贤文化的发展。

从宋代起，乡贤文化出现了较大的兴盛。宁熙九年，吕大忠和吕大钧两人共同起草了《蓝田吕氏乡约》，其中所提到的"约正"就是宋代的乡贤，"约正"起到了教化、主持、救助、管理等作用。《蓝田吕氏乡约》的制定与执行，标志着乡贤自觉权利意识的苏醒，在政府的推动下，乡贤文化逐步得到民众的普遍认可和接受，这是乡贤文化内在的一次突破。明、清两代，官吏须辞仕还乡，归故里，此乡贤阶层才逐步成型，其中的良绅就是当时的乡贤。

清朝废除科举制度之后，切断了下层民众的升迁渠道，切断了归乡士大夫的乡贤来

源，以乡贤为灵魂领袖的乡村文化层面上出现了缺口，乡村道德水平急转直下。因乡贤的流失导致了晚清民初基层社会的动荡，乡村社会出现凋敝。被余留下来的乡贤为了保护自己的权益，基本都是旧的封建主义的支持者，而"营利性""掠夺性"的乡贤更是比比皆是。因此，在20世纪20～30年代的一场大变革中，乡贤就成为人们要颠覆的主要目标。新中国成立以后，我国实行了《中华人民共和国土地改革法》，废除了以往的封建土地所有制，人民当家作主成了土地的主人。实行土地改革法案，对像地主和乡贤这样的有产阶层来说，是一个沉重的打击。在新中国成立后所发生的社会变迁，一方面对传统的乡贤体制和乡贤文化产生了巨大的冲击和影响；另一方面，在一场波澜壮阔的新民主主义革命和社会主义改革浪潮中，也为乡贤文化的萌芽以及乡贤文化的转型注入了新的发展生机。

（二）乡贤文化形成的思想渊源

1. 儒家学派的乡贤文化思想

在中国传统社会中，几千年来始终占据统治思想的，一直都是儒家文化。因此，乡贤文化的发展必然会受到儒家传统文化的深刻影响。

"道之统在圣，而其寄在贤"。从古代起，儒学就被一代代的贤者们用自己的实际行动付诸实施。《论语·雍也篇第六》中孔子曾这样评论他的学生颜回道："贤哉回也，一箪食，一瓢饮，在陋巷，人不堪其忧，回也不改其乐。贤哉回也。"孔子把颜回称为"贤"，是由于他的品德崇高，说他的一生极为简朴，一碗米饭和一壶清水就能满足日常生活。自己虽然住在简陋的屋子中，日子很是清苦，但是却没有被这种困境所束缚，而是努力地读书，不断地丰富自己。颜回身上所具有的优秀品质，也是所有的智者都拥有的。《论语》中关于"贤"一词的阐述，多以德为本，论语中说，要见贤士，必须先易容，以礼相待；见到贤者之后，要把他的优点和他的缺点结合起来，发现他的错误，就必须要反思自己是否也有相似的错误。乡贤，谦虚而不高傲，在传承优良品质的传统文化中，一点一滴地积累着，推动着地方民族多元文化的交汇融合。

（1）谨慎自省，谦虚学习

"自省"是历代儒学中极为注重的一种教化方式。"内省""自讼""克己"是孔子的重要思想；孟子提倡"收其放心""尽心知性""反求诸己"；宋明理学派注重"主静存诚"，即"格物穷理"。历代乡贤的自我修养方式都是从孔子思想中传承而来的"自省""克己"等思想，从而构成了自己的特色。要认真地审查自己的言行举止，想要治理好一个家庭，首先就是要谨慎对待自己的一言一行；其次，要注意日常生活的小细节，减少差错的出现。在平常的生活中，乡贤要通过自省的方式来对内心进行检视，要长期坚持下来，不要懈怠。在自省的过程中，如果发现自己的思想出现了偏差，或是有不好的念头，应该立刻进行反省，防止犯错。此外，要善于控制自己的情绪，尽量不要出现强烈的情绪波动。要注意自身的健康和名声，要制止伤害自己健康和名声的事情发生，也不能随便做一些会给父母带来耻辱的事情。由此可见，自我修养不仅是一件私事，很大程度上更是一种孝道。最后在面对突如其来的变故时，要慎重考虑，以免事后反悔。

（2）躬行实践，积德行善

乡贤非常重视实际工作，会积极为地方发展建言献策。乡贤的修身方式具有一种内在的逻辑统一性。首先，从认识层面看，从自省到对比，找出自己的缺点，从而激发自己改变的动力。其次，在实践中，要从善、行善等方面培养良好的品德。通过上述行为，就可以培养出为人忠厚，懂得人情世故，但又有些超凡脱俗境界的乡贤文化。

在生活中，乡贤总是要求自己要"先躬行"，在经历了多次实践之后，就会对自己的道德和知识提出更高的期望。就算在与圣人交谈的时候，也要像平时一样，只有真正做到了，才实现了读书的意义。在评判别人的时候，讲究的是德才兼备。一个人的品格，并不仅仅体现在优秀的文章上，更体现在个人的素质层面上。通过自身和他人的不懈努力之后，改变以往奢靡的社会风气，提高人们思想品格和素质修养。另外，在乡贤看来，一个家族的繁荣与其所积累的功绩有着千丝万缕的联系。一个家庭能否昌盛，在长时间观察之后就可以得出结论，大多数的家族都会因为子女的奢侈而逐渐走向衰败。如果一个家族缺少德行，那么遇到的好事最终可能也会变成坏事；但是如果一个家族长期积德行善，德行深厚，那么就算其遇到不好的事情，最终可能也会向好的方向发展。从这里我们可以看出，积德之道，还是一种将个人与家族联系起来的重要桥梁，将自己的德行与家族的荣辱观联系在了一起。所以，"积德"不但是一件私人的事情，更是一种家庭责任，这也让人们意识到了乡贤个人修养重要性和必要性。

2. 道家学派的乡贤文化思想

《道德经》中有"小国寡民"的论述，其核心理念是，"国土小，人口少，以民为本"。乡贤文化体现了老子的思想，期望更多的"有德之士"注意到相邻之间的关系，能够帮助解决乡民纠纷，保持乡村的安宁与和谐。近代以前，乡村中的乡贤主要是由当地所谓士绅组成的，他们是乡村精神和文化的向导，制定了严密的管理条例，实行对乡民实施全方位的管理，其权限的广泛，充分显示了他们身份与权利的高度，显示了"人治"之下的"法治"，同时也显示出了乡贤在乡村管辖上的权威性，实现了法制与精神的结合，对于维持当地的安定团结具有重要的意义。现代的乡贤自身拥有很高的声望和极强的可信度，人们愿意接受他们的思想、观念和价值观。乡村治理的过程中，通过乡贤的加入，可以有效地化解乡村人民内部的矛盾，并通过乡贤文化的力量来约束村民的行为。此外，乡贤文化中还包含了春秋经义中所提到的柔性评判道理，饱含着人性与友善，能设身处地地为对方着想，彼此相互理解。

二、乡贤文化的特点

"乡贤文化"并非近代才出现，它已持续了数千年之久，乡贤文化既体现了中华优秀传统文化的魅力，又表现出了其特有的乡土性、人本性、亲善性和现实性。

（一）乡土性

大部分的乡贤都是在乡村本地出生长大的，他们是当地居民的一分子。无论从社会的历史环境，还是从风俗习惯上看，乡贤都和一般的乡民有很大的共同点，他们对乡土文化非常熟悉，而且身上也有这一区域的地方印记。

（二）人本性

乡贤文化主张"以人为本"，其研究对象是以乡贤为主体，既关注其道德品行、先进事迹、突出贡献、奉献精神等，同时在乡村建设总体关系的良性互动中对乡贤个人价值的实现也会进行深入的研究。

（三）亲善性

以人为本的伦理思想是中国传统文化的基本观念，乡贤文化是一定区域内亲善性的具体体现。乡贤文化非常重视人民"善"的本性，因此，乡贤不但要有声名，而且要做"善"人，因此必须对其爱国爱乡、道德修养和功绩进行全方位的考察。

（四）现实性

从乡村的实际情况出发，根据新时期发展的需要，乡贤文化被赋予了新的内涵。在进行乡村治理的过程中，要将社会主义核心价值观与农民的价值观相结合，引导更多的乡民积极参与到社会主义的建设中去，以此来适应乡村社会、经济和文化发展的需要。

三、乡贤文化的时代价值

当前，以"美丽乡村"为主题的国家乡村建设，正在积极推进精神文明和文化产业的融合。乡贤文化发展面临着空前的机会，本文拟从四个方面来探讨乡贤文化所具有的时代价值。

（一）引领文化发展的推广者

著名社会学家、人类学家费孝通曾提出"文化自觉"的观念，即居住在特定文化环境中的人们，对自己的文化应有"自知之明"，了解文化的起源、形成过程、特点及其发展方向，从而取得文化转型的自主权，获得适应新环境和时代文化选择的独立性。由于我国是一个以农业生产为本的国家，在很长一段时间里，由于受到乡村生产方式和生活模式的影响，使得我国文化中有着一种"乡土味"。在当前中国文化大融合的时代，乡村在推动民族文化发展的过程中所扮演的角色，就更不能被忽略。因为在中国的传统文化里，乡村文化一直都是一个非常重要的组成部分，民众也不能因此而被排斥。乡贤文化是从农业文明中逐渐发展而来，与广大劳动者的日常生活紧密联系在一起，以其独特的优势和人本主义情怀，对中国传统文化的发展产生了深远的影响，并逐步成为中国乡村文化的重心。

当前，由于大批青壮年农民工进城打工，乡村出现了"空心化"现象。再加上乡村地区文化素质较低，文化引导功能不强，使得乡贤文化普遍没有受到足够的关注。此外，在一些乡村地区，赌博现象猖獗，家族文化在实现伦理道德的构建和村民自治中的功能逐渐削弱，社会的迅速变革和发展也使民众出现了多样化的思想观念，一些原先被群众广泛认可的传统文化、思想流派在某些程度上已经有所淡化。当前，要把文化的传播纳入社会发展的规律性、规范化的发展之中，还要根据当地的实际情况来发展乡村的人文精神。一大群有共同理想的学者和乡贤，他们积极倡导乡村文化，并引导民众的日常行为，充分显示了他们的人生智慧。许多乡贤热心搜集史料，挖掘历史遗迹，主张对文化遗产进行保护，整理传说故事，在各地已经建立起了固定的宣讲队伍。他们不仅能了解乡民最基本的需求，还能为民众提供所需要的帮助。乡贤文化扎根于本土，并从劳动人民的智慧结晶中成长发展，在不断地推动中国传统文化的发展中有着重要的价值和意义。

（二）感化教育民众的催化剂

中国的传统文化源远流长，是我们共同的心灵之乡。文化观念越要大众化，越要给予它简明、直接、易于接受的表述形式。以往乡村文化宣传工作一直面临着主管部门工作开展不到位、基层文化氛围不浓厚的问题，老百姓的茶余饭后不会到农家书屋，而是会选择走进麻将馆。现在，人们的生活条件和物质条件都在不断提高，人们对精神文明的要求也在不断提高。德育是一种以人为中心的社会性实践。人有思想、有感情，因此，心理辅导的落脚点要以教养为主。历来，乡贤文化都以润物无声的方式影响着广大民众。乡贤文化所蕴含的伦理观念、价值取向、认识模式等能够对人们的日常和社会活动产生影响。乡贤要以身示范、带头做好，从群众的真实需求出发，始终以满足群众精神文化需求为导向，同为乡村文化人应该坚守用信仰的方式大力发展乡村文化事业的决心，让文化浸润熏陶群众心田，靠真情感化的方式达到关心群众的目标，对当地营造和谐的社会氛围起到不可低估的作用。

只有通过对民众的教育，人们才能聚集起一股强大的力量，在乡村中传播家风、家道理念，有了好家风，乡贤文化就会有持续繁衍的土壤，儒、释、道、易等国学体系就会得到传承。当前，各级政府既要大力发展经济，又要加大对乡村文化的宣传，要充分利用乡贤的力量，大力开展乡村文化建设，通过普及法律法规知识，提升群众的道德情操；通过开展职业技能训练，提高人民的专业技术，使我们中华美德扎根于乡村，让孝道回归，使美德永存。

（三）维护社会稳定的减压阀

在中国的历史文化中，乡贤文化是一个非常关键的环节，它在维持中国的社会安定方面具有特殊的地位。中国地域广阔，各地的习俗不尽相同，而这种细微的差异，就注定了各个地区在对待事物和问题时，难免会产生一些冲突。在乡村管理中，乡贤文化通过其特有的秩序意义来规范和制约人们的行动，减少矛盾，维持社会安定。不管是外来务工人员或本地村民，对于乡贤都有着很深的认同感。他们对家乡的情感极为深厚，乡贤也在某种意义上给予了他们精神上的安慰。现在，各地纷纷成立了各式各样的"乡贤同乡"组织，这些组织在推进当地居民和农民工的过程中发挥着重要的作用，既方便了他们，又让乡贤在维持社会安定中扮演了一个"稳压阀"的角色。各种类型的乡贤组织的迅速发展，也赋予了乡贤文化在其自身历史背景和现实意义上的特殊凝聚力。

同时，乡贤文化所提出的同地居民要和谐共处的思想精神、道德操守、道德准则等，是现代社会实践中不可或缺的外在约束。当前金融形势严峻，许多外来务工者纷纷回乡，成了新的待业人员，造成了社会更大的不安定。而要想有效地化解这种矛盾，就必须充分利用人民的自律意识，对其进行约束，降低其极端思想和极端行动所造成的不良后果。而这种伦理的约束，离不开地方的村规民约和风俗习惯。长久以来，村民们通过研究修改制定了村规民约，把村规民约与法律法规、社会主义核心价值观结合起来，与村民的日常生活相结合，既有利于提高乡民的道德修养，同时又可以加强乡村的基层民主建设，对实现社会的安定具有重要的意义和作用。

（四）带动经济发展的先行者

应当明确的是，只有有了精神文明，文化效益才能顺利发挥出来，也只有这样，才能获得更好的经济效益，物质文明也会相应提高。乡村想要实现经济发展，就必须要充分发挥乡贤文化的软实力，营造出一种浓厚的文化氛围，这样才能在人民群众享受到精神愉悦的同时，也能将注意力转移到经济发展的问题当中。

乡贤文化是大众所创造的物质和精神文明的有效结合，将会形成以"新文化"带动"新产业"，以文化软实力带动经济快速发展的局面。中共中央、国务院在《关于落实发展新理念加快农业现代化实现全面小康目标的若干意见》中提出，要大力支持农户发展休闲观光产业。鼓励和扶持民间资金开展具有较高参与度、受益面广的休闲观光活动。当前，随着文化产业的不断完善，文化旅游成为乡村旅游发展的命脉，必将对乡村文化产业和旅游产业的发展起到巨大的推动作用。通过乡贤来引导挖掘乡村特色文化，乡贤在组织乡民在劳动之外的时间，通过积极参与农业文化、民俗风情、乡村手工业和乡村旅游品牌，将他们传承的民俗、手工等传统文化予以创意化引导和特色化改造，就可以打造出乡村生态旅游、自然观光与乡村生活体验为主题的乡村休闲旅游项目，形成具有当地特色的乡村旅游品牌。当前，业余文化活动已经成为当地经济发展的催化剂，未来将全面引爆乡村产业链发展，在有效促进产业发展和社会和谐稳定的同时，不仅实现经济效益的丰收，更将取得良好的社会效益。

发展乡村文化工业，要注重发挥乡贤对当地的经济拉动效应。在当地经济发展过程中，乡贤的参与可以降低成本，进而增加产业后期的收益。当前，在乡村建设、特色产业发展、城镇化建设、旅游业兴起的新局面下，可以全面提高乡村的知名度，还原乡村独有的风采和魅力。乡贤是一种具有代表性的致富能人，能够激发广大农民的劳动积极性，各种类型的乡村经济合作组织也将在各地生根发芽，这样既可以带动文化工业的发展，也可以达到经济效益、社会效益和生态效益的有机统一。把原来简单的产业发展方式转变为以传统文化发展为依托，形成具有鲜明特色和丰富内涵的文化旅游、文化休闲等文化产业，更好地让人民情感的落脚点和乡村的经济产业发展的创新点结合起来，二者相互促进，相辅相成，真正做到了让市场活跃起来。

第三节　我国乡贤文化与乡村少数民族传统体育文化之间的关系

在特定的历史时期，乡贤对传统乡村经济、教育和体育事业的发展起到了重要的推动作用。乡贤根植于乡土，对我国乡村的政治、经济、文化、教育等领域十分了解，其中也包含有乡村少数民族传统体育。他们可以通过自己的优势和威信，通过自身榜样的力量，影响和感染周围的人群，通过群众的积极参与，把乡村的体育文化和健康的生活习惯结合起来。因此，乡贤文化所具有的内生力量，再次引起了人们的关注，人们开始呼唤乡贤重新回归乡村的发展事业，并且成为拉动乡村少数民族传统体育发展的新方向。乡贤是我国乡村少数民族体育事业发展的一股不可替代的力量，是乡村少数民族体育事业发展的支柱，是"智库""桥梁"和"楷模"。因此，地方各级政府要更加关注乡贤的回归，为乡村少数民族传统体育文化建设提供一个良好的窗口，填补乡村少数民族传统体育管理的短板，凝聚乡贤力量助力乡村少数民族传统体育实现全面发展。

我国在实行改革开放之后，开始实行以经济建设为中心，基层政府积极响应国家政策，将经济发展作为当地政府工作的重点。这就导致乡村少数民族传统体育事业逐渐被忽视。虽然乡村少数民族地区的经济获得了一定程度的发展，但由于过分强调乡村社会经济的增长，甚至有些增长还以破坏和牺牲乡村传统体育文化价值为代价，这就为传统体育文化的发展埋下了隐患。出现了乡村体育精英流失、乡村体育公共服务严重缺位、乡村体育治理效能低下等负面"后遗症"。在此背景下，为了使乡村少数民族传统体育管理走向规范化和现代化，迫切需要乡贤积极投身于乡村少数民族传统体育文化的建设之中。

从乡村少数民族传统体育的管理体制来分析，其是县、乡、村三合一的行政组织，县人民政府根据国家和省级政府的体育发展规划，安排部署本县域的体育发展规划，而乡、村两级基层政府则是县级政府体育发展规划的执行者。随着我国城镇化发展的不断向前推进，以及乡村社会结构的变革，国家开始在乡村进行了一系列的体制改革，使得乡村的基层政权不断地被淡化，导致乡村基层管理力量的削弱，进而使得乡村的基层政府与乡民之间产生了矛盾。乡村少数民族传统体育治理，在很长一段时间内持续遭受着打击，在发展问题上面临多种难题。传统的乡村少数民族体育治理模式存在着主体单一和职能薄弱等问题，而乡贤的回归正是这一背景的现实需求。

近年来，党中央和国务院先后颁布了多项鼓励、支持和引导乡贤回归，以此来支持乡村少数民族传统体育发展的各项措施。体育扶贫项目就是由国家体育总局和国务院扶贫办共同发布的，这是一个生动的例子。体育扶贫项目是根据中央国务院的各项决定，充分利用体育的整体拉动作用，引进体育赛事，发展体育产业，开展大众健身，为乡贤投身乡村少数民族传统体育发展提供助力。

在乡村社会的历史变迁中，作为基层群众体育管理的先锋，乡贤在很长一段时间内都对民族传统体育发展起到了"教化乡民、反哺桑梓、泽被乡里"的作用，同时也对推动乡村传统体育文化的重建起到了积极的推动作用。在中国乡村进入新的发展阶段之后，为了正视乡村少数民族传统体育资源的匮乏，促进乡村少数民族传统体育的复兴与乡村体育管理的现代化，新乡贤由此产生。新乡贤拥有极高的声望和文化影响，使其在传统体育治理过程中的影响力与号召力得到了最大程度的体现，也使得乡村少数民族传统体育开始由"治理"向"善治"转变。因此，新乡贤的出现符合国家实施乡村体育管理的现实大环境和乡村少数民族传统体育文化建设的需要，是当前乡村振兴下少数民族传统体育管理实现善治的有力推手。

第四节　乡贤文化在乡村少数民族传统体育文化发展中的地位与作用

体育乡贤是乡村少数民族传统体育发展与振兴的重要力量。吴莉娅认为，新兴知识和社会责任感是乡贤资源的"核心要素"，其价值在于以其"核心要素"促进乡村"内生式"发展，"提升乡村治理绩效与乡村整体社会福利"。李思琪指出，德治、法治与自治的有机统一，是乡贤参与乡村治理的基本范式，其本质在于"还政于民"，是促进基层社会治理能力现代化的有效路径。这些论述揭示了体育乡贤之于乡村少数民族传统体育振兴的价值逻辑，为我们定位其在乡村少数民族传统体育振兴中的地位和作用提供了理论依据。

一、乡村少数民族传统体育资源的供给者与协调者

人力、物力、财力是乡村少数民族传统体育发展的基础性资源。当下，乡村居民体育需求快速增长，且呈现多元化、个性化特征。但由于公共体育服务投入与供给不足，乡村居民体育需求实难满足，体育消费潜力尚未释放出来。如，在体育基础设施上，91%的

体育场地资源集中于城镇，而乡村仅占 9%。加之体育社团、体育社会指导员缺乏，导致乡村少数民族传统体育健身活动较为盲目与随意，质量较差。而体育乡贤能够较好地弥补乡村公共体育服务的供给不足与缺陷。如，经济能人、体育企业家可依靠其经济实力，通过投资建设体育场地、购买体育器材，实现社会公益或回报乡村的目的；具有运动康复、体育保健背景的体育乡贤，可通过举办健身讲座、开展损伤康复活动等，向乡村居民传授体育健身知识、运动技巧，提高乡民体育健身的科学性与有效性；退休返乡的干部、教师可依靠其良好的知识素养、体育素质担当体育社会指导员的角色，指导乡村居民科学参与体育健身活动，以消解乡村居民体育健身专业指导的缺失。同时，本土体育乡贤深谙乡情民意，具有较高的社会威望与沟通能力，既能把相关体育政策有效传达给乡村居民，又能向基层政府及其他体育供给主体准确反映和表达乡村居民体育需求，增强乡村体育供给的针对性与有效性；返土或外来体育乡贤，可依靠其良好的社会声誉、人脉关系，通过联络、协调社会各方，争取政府公共项目资金、企业赞助和乡村居民自愿筹资，为乡村少数民族传统体育发展赢得更多资源与资金支持。

二、乡村少数民族传统体育活动的组织者与监督者

由于乡村少数民族传统体育社团较少且发育不成熟，加之人力、物力、财力的制约与传统文化的影响，我国乡村少数民族传统体育活动组织化程度普遍较低。来自江、浙、闽等 17 个省（区）410 个行政村的调查显示，体育活动的组织与开展较不理想，很多乡村地区没有举办体育活动的意识，即使举办了体育活动，乡民的参与积极性也不高，有的甚至从来都没参加过体育活动。而体育乡贤具有良好的凝聚力、组织力和号召力，在组织和开展体育活动上具有独特优势，能够动员和吸引更多的乡村居民参与进来。体育乡贤可依据其良好的社会声望、特长优势及组织能力，通过组建体育社团、建立规章制度等，推动乡村体育活动走上规范化、制度化、常态化轨道。实践表明，由体育乡贤自发、乡民自愿参与的体育社团，不仅有利于消解乡村体育社会资金来源不足、中坚力量缺乏、乡民认同度不高、组织互动不强的问题，而且具有良好的示范带动 . 信息传递、缓冲压力 . 功能弥补 . 权益维护等作用，能够很好地动员和引导乡村居民自觉参与到体育活动中。诚然，这种非正式结构的体育社团的管理与运行不能仅仅依靠乡贤的威望及其与村民的"口头约定"，还需根据相关法律规定体育政策，并结合所处场域、乡村居民需求、体育资源等情况，完善内部各项规章制度和监督机制，以体育社团的健康运行推动乡村少数民族传统体育活动的常态化。

三、乡村少数民族传统体育文化的传承者与传播者

我国 2018 年 9 月颁布的《乡村振兴战略规划（2018—2022 年）》中强调，建设和振兴乡村文化须以传承发展中华优秀传统文化为核心。在漫长的历史发展实践中，许多乡村特别是少数民族地区乡村，积淀了丰厚的传统体育文化，蕴藏着诸多宝贵的体育非物质文化遗产。推进乡村体育振兴，须整理好、保护好、利用好乡村少数民族传统体育非物质文化遗产，加快传统体育文化创造性转化、创新性发展。当下，乡村少数民族传统体育文化的传承与发展面临诸多困境：财政投入较少，传统体育发展基础薄弱，许多传统体育项目既缺乏挖掘和研究，也面临没有专有场地、器材保障的问题，如在云南省红河流域 60 项民族传统体育项目得到利用的不足 50%，更多的传统项目处于"休眠"状态；专业人才缺乏，乡村大量有生力量涌向城镇，加之学校教育、激励机制缺失，许多年轻人不愿做传承人，使得诸多少数民族传统体育项目因传承人才断层、群众参与少而日渐萎缩甚至濒临消亡。而体育乡贤的融入，则可较好地缓解上述困境。乡镇干部、村干部等在乡党政型乡贤，可依靠其管理优势，自觉承担传承传统体育项目、发展乡村少数民族传统体育文化的职责，并依靠行政管理平台，为发展乡村少数民族传统体育文化提供资金支持、组织保障、协调服务；企业家、经济人等经济型体育乡贤，可依靠其经营策划的优势，通过举办节庆活动、打造特色体育赛事等，支持和推动乡村体育文化发展；高校体育教师、体育学者等离乡文化型乡贤，可依靠其科研优势，挖掘、整理乡村体育非物质文化遗产，研究、编撰乡村传统体育文化，为地方政府传承和发展乡村体育文化提供建议；媒体记者、广告策划者、网络平台管理者等体育乡贤，可依靠其新闻传播优势，通过利用传统媒介、成立网站、建立微信公众号等，加强乡村少数民族传统体育文化传播，提高其知名度与影响力。

四、乡村少数民族传统体育产业的策划者与推动者

乡村少数民族传统体育产业既是乡村振兴的重要产业支撑，也是我国经济发展的新的增长点。乡村少数民族传统体育产业具有先天性发展优势，不仅拥有深厚的文化底蕴、独特的自然禀赋，而且土地、劳动力等生产要素成本较低，为乡村少数民族传统体育产业的发展提供了有利条件。但由于政府缺乏统一规划与财政支持，乡村少数民族传统体育产业结构较不合理，乡村居民体育消费能力相对偏低等，导致乡村少数民族传统体育产业较为滞后。研究将体育乡贤的价值定位于乡村体育产业的策划者、推动者、实践者，鼓励和

引导其投身乡村少数民族传统体育产业，依靠其经济实力，在乡村少数民族地区进行体育产品生产与销售、发展体育休闲业、开展体育技能培训、开发体育产品与项目、培养体育产业新业态新模式，丰富乡村少数民族传统体育产业经营形式，优化乡村少数民族传统体育产业结构，这不仅有利于提升乡村少数民族传统体育公共服务供给水平，适应和满足乡村居民日趋多元化的体育需求；而且还能够带动乡村其他产业的发展，提升乡村经济的产业化水平和社会文明程度。譬如，青海省湟中县上山庄村周玉财返乡后创立了青海祥泉公司，依托中药材种植技术，开发药浴、康养等项目；借助当地自然优势，开发山地自行车、越野汽摩、马术、冬季冰雪等运动项目，形成了体育与旅游、文化、健康、扶贫等行业的融合发展模式，并带动周围乡村少数民族地区富余劳动力再就业，使之从贫困走向了小康。

第六章

湘西南地区少数民族传统体育文化发展中乡贤治理的个案研究

第一节　湘西南地区少数民族传统体育的起源及发展

湘西南，即湖南省西南部，由怀化、邵阳、永州等 15 个县组成，其中包括怀化靖州苗族侗族自治县、芷江侗族自治县、洪江市（地级市）、洪江区、麻阳苗族自治县、新晃侗族自治县、会同县、通道侗族自治县、邵阳市绥宁县、新宁县、武冈市、城步苗族自治县、隆回县、洞口县、永州市东安县、祁阳县。湘西南地区生活的少数民族众多，多达 50 个，其中侗族、苗族和瑶族的人口数是最多的。

一、湘西南地区少数民族传统体育的起源

具有悠久历史和独特风格的湘西南地区少数民族传统体育，其起源与发展离不开生活、生产、军事、节日和宗教等。

（一）来源于生产生活

湘西南地区少数民族传统体育活动和人们的生产、生活息息相关。在原始时代，生活在山地森林中的少数民族，因为生产力落后，主要靠打猎、捕鱼、采集等生产手段维持自身的生存，从而产生了一些需要掌握生产技能的活动。湘西南地区传统体育项目也在这个阶段开始发展起来，这是一种训练技术的手段，也是一种变相的生存竞赛方式。比如射弩，由于弓弩的发射速度很快，准头也很高，可以自己进行制造，用于捕鱼和狩猎。从

射弩活动的传承中我们可以明确的是，生产劳动是湘西南地区少数民族传统体育产生的起源。

（二）来源于节日礼俗

湘西南少数民族的许多传统体育活动都产生于节日庆典和礼俗活动中，其是那些具有高度表演性和娱乐功能的体育运动来说，更是与节庆礼俗活动密不可分。这些传统体育活动都是依附于特定节庆礼俗活动而产生的，只有在一些特定的互动中才会举办这些传统体育项目。当前，很多传统体育项目已经脱离了特定的节日和礼俗活动，成为一项独立的体育运动。比如划龙舟，每到农历五月二十四日，大家都会穿上节日盛装，聚集起来举办龙舟节，欢庆四天。

（三）来源于宗教信仰

湘西南各少数民族多有神灵信仰，中国巫师文化在湘西武陵山一代极为盛行。当地的少数民族保存着许多原始的宗教信仰，如自然崇拜、图腾崇拜、鬼神崇拜、祖先崇拜等。尤其是苗族的鼓舞，他们相信，木鼓里蕴含着先人之灵，而跳鼓则是一种祭奠与怀念。传说，蚩尤在逐鹿之战中被俘虏、肢解之后，他的部下将他的肩、髀骨都藏了起来，然后运到了河南濮阳的西水坡。次年，为了祭奠蚩尤，他的族人宰牛杀猪，为其举办了一场盛大的葬礼。苗族人则用跳鼓作为祭祀的方式，原本一年一次的击鼓祭祀活动，因为战事太多，民族频繁进行迁徙，每年举行一次鼓舞活动不够现实。后来族长决定，每个宗支进行迁徙之后，每十二年举办一次鼓舞，并且不需要再回到原来的地方进行聚会。从此，举办鼓节就成了苗族的风俗传统，并世世代代传承了下来。平日里，木鼓都是存放在山洞中的，只有到了鼓社节或者"翻鼓节"的时候，才会被带到村子里来，大家一起跳舞，活动结束后再将鼓放回到山里。苗族的鼓舞，虽然还保持着祖先祭祀的仪式，但随着时间的推移，也发生了一些改变，从祭祀仪式的内容上，可以分为远祖和近祖。远祖的祭祀仪式，保存了原始的内容和形式；而近祖的祭祀，则更多地加入了对先人的膜拜之情。

（四）来源于战争

湘西南少数民族的传统体育大多都源于战乱。由于战争的缘故，人们期望寻求各种方式来提高格斗、械斗的技艺，湘西南地区的少数民族将其称为"舞拳舞棍"。在湘西南一带，"舞拳舞棍"已成为一种风俗，无论男女老幼，人人都会武术，而且流传甚广，这是很少见的。

二、湘西南地区少数民族传统体育的发展

湘西南民族传统体育的发展历程大致可以分为古代、近代和现代三个阶段。当地的传统体育活动并非是孤立存在的，而是与其他民族保持着密切的文化交往，尤其是汉族及周边少数民族的文化，对湘西南少数民族的传统体育影响极为深刻。

（一）古代湘西南地区少数民族传统体育的发展

从湘西南地区少数民族传统体育的起源来看，体育活动的发生和发展与人民的生产生活密切联系在一起。例如，在苗族的鼓舞中，有一些舞步是模仿人类生产生活中的插秧、挖园、种菜、收割、打谷、美女梳妆、绣花数纱、纶麻织锦等；在《踩鼓舞》中，"调年鼓舞"的表演中，两只手会左右自然摆动，与纺纱、耕地等的动作相似；"花鼓舞"的表演动作有，梳头、照镜子、整理衣服、整理被褥、包头、洗脸、刷牙漱口、煮饭、鸡娘啄米、打扫卫生、摘花、插花、挖耳朵、扯胡子、鞭炮、狮子流球、打粑粑等与生产和生活有关的动作。

湘西南地区的少数民族，早期时候由于缺少对事物的科学认知，形成了信仰鬼神的习惯，这给苗族的历史与文明蒙上了一层神秘的宗教色彩。祭祀是人类在日常活动中对神的依附与崇拜等情绪的表达。在生产力较低的时期，人类很难抵抗自然和战争的威胁，只能靠着举办祭祀宗教的仪式，期盼获得神灵的庇护。在举行仪式时，神职人员用肢体进行夸张的表演，这种表演形式也逐渐成为湘西南地区的特色体育活动。

自秦至明，历经数千年的封建征战。由于长时间的浴血斗争，湘西南地区的少数民族几乎都形成了练武的习惯。这种习武的风俗，同样在苗族的鼓舞文化中得到了展现。在鼓舞中，涉及的武术的花样繁多，如拳、棒、棍、枪等18种武器，都在鼓舞中得以表现。随着鼓舞技艺的不断升级，后期又出现了雪花盖顶、青龙锁颈等鼓舞动作。比如，"花鼓舞"的表演动作，傲寒有鼓声催兵、霸王举鼎洗、背剑骑马、猛虎坐堂、猛虎下山等招式，都属于形意拳法；此外，还吸收了大自然中各种风景和事物的优点，创造出了古树、花、水波、雪花、大鹏、鹭鸶、龙、虎、猴、马、鸡、猫、鱼、牛等十四种不同的形拳，与明末清初的十二拳相比，还增加了两个拳法，并且竞技感更强。

（二）近代湘西南地区少数民族传统体育的发展

据史料记载，射弩曾是各民族赖以生存和发展的重要战争兵器。19世纪初期，英、德、法、美等国家的入侵者，以不同的方法侵占我国领土，掠夺我国的财产，湘西南地区

的人民义无反顾地承担起了抵抗入侵者的神圣责任，他们使用弓弩对入侵者进行了猛烈的攻击。虽然这些弓弩很简陋，但对于保护我们的国家，抗击外敌，起到也极为重要的作用。比如清朝末期，天津总督罗荣光，驻扎在京津要道大沽口长达二十四年，号称"天下第一海防"。如今，湘西南地区少数民族所用的弓弩，其作战兵器功能早已不复存在，逐渐演化成为一种具有娱乐性、竞技性的体育活动。

体育界内外的人开始了一次关于体育"全盘西化论"与"建设民族本位体育"的辩论，湘西南地区少数民族的传统体育也经历了一次动乱和不稳定。在这种情况下，一群倡导体育民族化、挖掘传统体育的意义的传统民族爱好者，开始有意识地对民族传统体育相关资料进行整理、研究和改造，开创了湘西南地区少数民族传统体育发展的新道路。在现代体育的强烈冲击下，湘西南地区少数民族传统体育开辟了新的理念和发展渠道，并且一直被传承到今天。比如，苗族地区的八人荡、打泥腿、赛马、划龙舟等传统体育活动，至今仍然深受湘西南地区少数民族的欢迎。

（三）现代湘西南地区少数民族传统体育的发展

第一，国家及各地方政府制定的少数民族政策，对湘西南地区少数民族传统体育的发展起到重要的推动作用。

自 1953 年首次举办民运会至今已有近七十年的历史，中央专门出台了一套扶持和保护少数民族传统文化的国家方针。各级民委、体育总局、民族高校在挖掘、整理、加工和提高少数民族体育方面做出了许多努力。

湖南省已成功举办多次省级民运会，每次民运会上都发掘出新的体育项目。湖南省民委、体育局不断地安排有关方面的专业人士对湘西南地区的少数民族体育进行调研，当地的民族传统体育活动经过专业人员的整编后，开始在全国范围内进行广泛推广。

第二，高校范围内开始注重民族传统体育教学，促进额湘西南地区少数民族传统体育的发展。

1994 年，教育部成立了中国大学生体育协会民族传统体育分会。到 1999 年，在分会下又设立了"大学生少数民族传统体育专业指导委员会"。此后，全国各省市、县纷纷组建民族传统体育协会，使民族体育工作形成了上层有人管、中层有人抓、基层有人做的良好局面。湘西南是一个拥有众多少数民族群体的地方，因此，许多高校、学术界以及各个阶层的体育协会都十分关注。比如，湘西吉首大学开设了民族传统体育课程，将湘西南少数民族传统运动纳入了公共教学之中。此外，改建了民族传统体育教育基地，其影响范围可以辐射到整个湘西地区。在学校的日常教学中，设置了多项少数民族传统体育项目，吸纳了大批优秀的少数民族运动员，极大地推动了湘西南地区少数民族传统体育的发展。

第三，旅游业的快速发展，促使湘西南地区少数民族传统体育活动开始逐步走向世界。

人大工作会议多次提出，要加强对旅游景区文化遗产和资源的保护。在交通、通信不发达，旅游内容单一、形式单一，旅游设备不健全，资金匮乏的湘西南地区来说，这项政策显得尤为重要。自然风光游和民俗风情游是湘西南地区的主流旅游资源，湘西南地区又是重要的少数民族聚集地，他们在很久以前就形成了长江文化、河姆渡文化和红山文化。生活在湘西南地区的苗族盛行的鼓舞，就是经过长期传承和发展的民族舞蹈。由此，湘西南地区的神奇魅力，也让很多旅游者通过民间演出的形式，了解了湘西南的民族传统体育。2006 年，美国籍的艾米，一位著名的人类学家，对湘西南少数民族的传统文化进行了全面的调查，收集了许多有关湘西南地区少数民族传统体育活动的详细资料。这一举措，使湘西南地区少数民族传统体育得以借助旅游业发展的契机，走上国际舞台，为湘西南民族传统体育的现代化发展开辟了一个崭新的时代。

湘西南地区少数民族传统体育既是我国民族传统体育的重要组成部分，其所具有的民族性、传统性、体育性、趣味性、简易性和节庆性等特点，对湘西南少数民族的生活、健身、增强体质、促进民族团结、促进民族交流、培育地方经济、维护社会稳定等方面，都产生了重要的作用。所以，我们要进一步加强对湘西南地区少数民族文化的深入研究，这对提高群众的民族认同感，保护优秀的民族传统文化具有重要的意义。

第二节　湘西南地区少数民族传统体育的分类、特征及价值

一、湘西南地区少数民族传统体育的分类

本书在对湘西南地区的传统体育进行全面调研之后，发现湘西南地区是一个具有众多民族传统节日和丰富传统体育项目的少数民族聚集地。湘西南地区拥有多个民族传统体育项目，并且其中一些已经列入了湖南少数民族传统体育竞赛的参赛项目。在对湘西南地

区少数民族传统体育相关资料进行收集整理并归类之后，发现其所涉及的传统体育项目达到了一百多种。根据这些传统体育项目运动形式的不同，可以将其分为游戏、跑跳投、射击、舞蹈、角力、水上、攀爬、武艺等八类。这些类别所涉及的具体体育项目内容，如表6-1所示。

表6-1 湘西南地区少数民族传统体育的分类表

分类	项目
游戏	滚铁环、打陀螺、打手毽、打禾鸡、打包、打泥脚、打草蛇、打秋千、打碑、打磨秋、打布球、抢贡鸡、抢花炮、抢鸭子、八人秋、争江山、放风筝、挤油渣、高脚马、举石锁、举石、耍石碗、侗族多毽、鸡毛毽、抱岩拓子、滚坛子、踢枕头、三子魁、三棒鼓、土地挂光棍、开田、肉莲花、偷营
跑跳投	结麻赛跑、穿针赛跑、穿花衣赛跑、跑泽田、抱磨盘比赛.跳飞机、跳狮子、攀藤、荡藤、滚藤圈、撑杆跳远、飞石子、飞镖、打飞棒
武义	土家武术、苗家武术、蚩尤拳、苗拳、刀、棍、倒挂金钩、八角拐、立阳角桩、鸡形拳、宫天梳、蛮刀藤牌、神鞭、宫天梳、立阳角桩、飞镖、护身粑
角力	扳手劲、抱腰拐子、摔抱腰、摔跤、斗角、斗牛、抵杠、抵捶头劲、扭扁担、踢角架、蹦蹦劲
水上	划龙船、脚踩独木穿急流、潜水游戏、独木舟
舞蹈	舞狮、舞龙、金钱棍（霸王鞭）、玩龙灯、拉鼓、跳芦笙、仗鼓、跳竹竿、摆手舞、茅古斯、铜铃舞、撒尔嗬、舞草把龙、跳桌子、跳鼓、打花棍、接龙舞、摇旱船、肉莲花、猴儿鼓、板凳龙
攀爬	爬花竿、爬坡杆、上刀梯
射击	土家射弩、射箭、弹弓

二、湘西南地区少数民族传统体育的特征

（一）群众基础广泛

湘西南是一个少数民族聚居区，土家族、苗族、白族等30余个民族聚居在这里。湘西南地区的少数民族数量大、民族节庆多、传统体育项目种类繁多、具有广泛的群众基础和丰富多彩的传统体育项目。居住在湘西南地区的少数民族，最喜欢的运动就是舞龙、舞狮等，并且每年都会举办舞龙、舞狮等节目，参加人数达到了上万人。在土家族聚居的地区，土家摆手舞、茅古斯等是当地人们最为喜欢的活动。因此，在湘西南地区，当地群众每年都会自发举办数百次的传统体育活动。民间传统体育由于具有娱乐、健身等特点，历来深受大众的喜爱，民众的参与和观赛热情高涨，因此，传统体育活动颇受欢迎。

（二）民族特色鲜明

湘西南地区的少数民族无论是在生活环境、传统、宗教，还是在文化信仰等方面，都与其他民族间有较大的差异，这也就导致了这一地区的传统体育有着鲜明的民族特色。生活在湘西南地区的各少数民族都拥有本民族的民族传统体育，例如，苗族的苗鼓、土家族的茅古斯等，都是其他民族所没有的。

民族传统体育在长期的发展演进中，会与其他的民族进行交往，这就导致本民族的传统体育活动会融入一些其他民俗的因素，但在总体上仍然保持本民族独特风格。例如，很多少数民族虽然都拥有同一种传统体育项目，但是每个民族的体育项目都会有其独特的风格和规则。例如，十多个少数民族都喜爱的赛龙舟项目，但是每个民族龙舟的造型和规格、竞赛的规则和方法都不尽相同。

比如，很多少数民族都有荡秋千的传统体育项目，比如，苗族和土家族的八人秋，就是一种秋千，但八人秋的结构和游戏方式各有各的特点。与传统秋千两条绳索中间挂一块木板的方式不同，"八人秋"是可以同时容纳八个人的大秋千，它的主体十米高，用八根柱子在一根粗大的横梁上打出八个洞，组成了八个秋千，四对年轻男女坐在秋千上，当秋千旋转的时候，底下的人会用脚踩着地面，当停下的时候，停止在最高位置的人会被要求唱歌表演来作为惩罚，是一种非常有趣的传统体育娱乐方式。

（三）地域特色鲜明

由于地域生产、生活条件、地理环境等因素的制约，使得传统体育具有明显的地域特征。湘西南地区多是山区、溪流，人们多居住在山上或是河谷地区，有的民族甚至生活在山顶上。这就导致湘西南地区的少数民族普遍生产力水平不高，交通不便，信息不发达，在受到这些因素的制约后，所产生的文化就带有明显的地域性色彩。例如，土家族和苗族人的高脚马，最开始就是在小溪、小河水位上升时，利用高脚穿过小溪、小河，从而逐渐发展起来的一种传统体育运动。居住在山地和河谷地区的苗族、土家族人，为了保护庄稼、防身、打猎、丰富生活，逐步发展出各种具有山地民族特点的体育运动，这些体育运动与生产劳动有着密切的关系。苗族、土家族流行角力、射弩、土家功夫、陀螺、弹弓等体育运动项目。从这里我们就可以看出，湘西南地区的传统体育运动具有明显的地域特征。

（四）节日特色浓厚

节日性是湘西南地区少数民族传统体育的一项重要特征。每当有重大的庆典时，各民族都会举办一场隆重的、具有民族特色的体育盛会。在端午节、赶秋节、百狮会等节日里，苗族会举行舞龙、舞狮、打苗鼓、荡八人秋、打猴鼓、打苗拳；在端午的时候，要有舞狮、打苗鼓、荡秋千、上刀梯、射箭、爬花竿、打飞棒、赛龙舟等体育活动；侗族在春节和摔跤节的时候，不仅会举行摔跤比赛以外，还会举办抢花炮、爬山、龙灯、耍狮子等活动；瑶族盘王节、倒稿节（丰收节）会举办木棒斗牛、摔跤等活动。在诸多少数民族传统节日中，以竞技、表演等为主，其主要目的是进行娱乐。有些是为娱神，有些是为了娱乐自己，有些则是两者皆有。

湘西南地区的传统体育运动项目主要以强身健体为主，具有较强的表演性和娱乐性。大部分的活动都是以民俗为主题的，包括欢庆丰收、休闲消遣等，将体育运动融入了休闲娱乐当中，增加了欢乐的气氛。比如，苗族的"猴儿鼓"，穿着猴衣，脸上化上猴妆，在演出中模仿猴子的各种姿势，互相嬉戏，"猴儿鼓"不但幽默、热烈、技巧性很强，并且还带有一些戏剧性。此外，"猴儿鼓"艺术形式简单，富有民族特点，喜庆氛围浓厚，为当地的传统民族节日增加了喜庆的氛围。

三、湘西南地区少数民族传统体育的功能

湘西南少数民族传统体育，在湘西南地区的发展中发挥着多种功能，它不仅具备了基本的体育功能，而且还有其自身的特殊功能。

（一）艺术审美功能

湘西南地区土家族的"茅谷斯"摆手舞，苗族"拜狮会"，由于没有被外来的文明所感染和浸染，始终保有着原始古朴、粗犷、简单的艺术风格，成为土家族特有的艺术表现形式。同时在舞台上演出的服装，演员的表情、形体等，都有一种震撼人心的美感，令人肃然起敬。湘西南地区少数民族传统体育独特的美学功用，凸显了它的艺术审美功能。

（二）教育功能

湘西南地区少数民族传统体育的教育功能是建立在娱乐、健身功能之上的，其教育内容并非枯燥无味的"说教"，而是以多种类型的表演形式，在不知不觉中对乡村居民的

思想观念产生影响。"八人秋"运动，表演者会一边唱歌一边锻炼。歌词以抒发情感为主，表达着湘西南地区淳厚的人民对新生活的热爱与憧憬，表示着他们对美好生活的向往。古丈县茶乡的"花、云、茶"主要是歌颂生活的美好，教导人们要对生活充满热爱。湘西南的傩舞还具有伸张正义、驱除邪恶等深层次的含义。

（三）健身、娱乐功能

大力发展全民健身运动，提高国民身体素质，是当前我国体育工作的基本目标。湘西南民族传统体育蕴含着湘西南人民丰富的思想和感情，是一门极具观赏性和艺术魅力的活动表现形式。湘西南地区的经济发展水平不高，参与的传统体育项目可以让人在放松和愉悦的氛围中承受一定生理负担，从而达到锻炼的效果。人们从力量、速度、协调等方面对湘西南地区少数民族传统体育项目进行了分析，例如，发现高脚马动作中要包含爆发性力量、持续性力量、控制性力量等，以完成冲撞、竞速、表演等动作；舞狮需要有节奏感和协调能力，所以舞狮表演是一种技术含量高、负荷大、持续时间长，能带动身体各部位实现全面锻炼的体育活动。湘西南少数民族传统体育项目中所展现出来的动作具有多样性和娱乐性，因而人们对这些体育项目具有很高的热情和兴奋性，但同时也会大量消耗参与者的能量。也正是因为如此，参赛者的身体强度、心肺能力和持久能力都会得到很大提高，对增强体质起到重要的作用。

湘西南地区的少数民族在经济和社会发展的同时，人民的物质生活和精神需求也在不断提高，群众文化娱乐已经不能再满足广大乡民的需求。因而，传统的体育表演项目逐渐成为人们的一项日常活动，因此其也有了一些娱乐休闲的功能。

在湘西南地区，一般都会在过节或是农闲的时候来举办传统的体育表演活动。这些体育表演活动，除具有"娱乐""自娱"功能之外，其目的是为了祈求新一年的农业丰收、生活富足、满足人们的需求。每当演出开始时，附近数十公里内的村民都会带着老人和孩子，聚集在一起，兴致勃勃地观看，以获得生理和精神上的满足，这是一种调剂生活的方式，其主要目的也是为了娱乐和休闲。从这里我们就可以看出，湘西南地区少数民族传统体育具有很强的健身和娱乐功能。

（四）文化传承功能

湘西南地区的文化历史悠久，源远流长，其中傩戏从产生到现在，也已延续了两三千年之久，因其所具有的民众性和民俗性，因此成为我们了解古代先民风俗习惯和社会结构的"活资料"。湘西南地区少数民族传统体育以一种特殊的形式存在和传承，通过吸收其他的各种文化元素，形成了我们现在所见到的丰富多彩的文化现象。在湘西南地区丰富的传统运动文化中，蕴含着历史、宗教、道德、审美等文化元素，而这种文化元素则是由体育作为媒介，在湘西南地区传统体育文化的传承中，人们需要对体育文化进行更深入的理解和认识。

湘西南地区的少数民族传统体育，可以被开发和规划成为一种具有特殊意义的旅游资源。在保留原有历史风貌的前提下，将乡村的文化职能充分地利用起来，并将其作为一种民间的旅游资源来进行规划和发展。重视传统体育的原始性和独特性，并将其作为一种区域性保存文化现象，这对中外的学者和艺术家们研究少数民族传统体育文化会产生重要的启发意义。如今，湘西南某些地方的传统演出活动已经成了当地观光的重要内容，吸引了相当多的中外游客前来参观游览，以领略湘西地区的神奇。

四、湘西南地区少数民族传统体育的价值

湘西南地区少数民族传统体育是湘西文化中的一个重要组成部分，它有着独特而积极的文化意义，是湘西文化的一块活化石。湘西南地区的民族传统文化与其传统活动有着密切的联系，被各类传统活动所吸纳之后，成了传统文化的一项重要载体。这使得传统体育文化成了社会工作者对人类文明发展研究的"活化石"，具有其他任何活动都无法取代的文化价值。

湘西南地区少数民族传统体育起源于湘西南地区的生产与生活，作为一种具有深厚底蕴的民族文化，在湘西地域的历史文化中得以充分体现。湘西南民族传统体育具有其特有的文化特色，并在劳动过程中逐步发展出具有特色的"龙舟文化""嬉灯文化"和"百狮会文化"等。要想了解湘西的历史，就必须对湘西南的民族传统体育活动进行深入的研究。这是因为，对人类历史的研究，实际上就是对人类生活的生产的历史进行研究，人们在长期的生产与生活中，又创造出了丰富多彩的传统体育活动。湘西南民族传统体育以"天人合一"为基本理念，在历史传承中始终秉持着宽厚、礼让、平和等特殊的价值观，其所追求的不仅是身体的健康，而且还有精神上的提升。湘西南地区少数民族传统体育所灌输的教育观念是多层面的，首先是手、眼、身、步、法；其次是礼仪、礼仪、风俗、禁忌等；再次对其灌输的是中国传统的观念和信仰，包括"天人合一""内外兼修""厚德载物"等。

很多现代的体育运动形式都是从民族传统运动中逐渐发展演变而来的。湘西南地区

的很多传统体育运动项目，在经过长期的发展、演化进程中，融入了很多其他的艺术元素，并逐渐走向更高层次的艺术殿堂。湘西南地区少数民族传统体育在"进化"的同时，也保持了民间的特色，提高了比赛的竞技性，增加了观赏价值，提高了它的吸引力。比如，对于赛龙舟项目来说，其与现代的各项赛艇项目之间有着密切的联系。因此，我们在一定程度上可以说，湘西南地区少数民族传统体育是湘西民族文化的重要源泉，为湘西体育的发展奠定了坚实的基础。

湘西南地区的少数民族人口数量庞大、民族节庆多、民俗文化浓郁，传统体育具有丰富的活动内容。此外，湘西南地区的民族传统体育还拥有广大的民众群体，其表现形式多样，地域特色明显，具有浓厚的节日特色，承担着娱乐和健身的双重社会价值。

我们要通过加大对传统体育的理论研究和教育力度，提高人们对湘西南地区传统体育的认识和理解，提高对民族传统体育的重视，以实现对我们国家宝贵文化遗产的保护与传承，全面发挥其应有的社会文化价值。

第三节　湘西南地区少数民族传统体育发展的对策研究

一、湘西南地区少数民族传统体育发展的现状分析

（一）湘西南地区传统体育发展环境限制和落后的经济

当前，许多传统体育的发展状况并不理想，这主要是因为受环境和经济发展的制约。就拿划龙舟来说，这个运动只能在自然条件比较好的地区进行，如果不具备良好的地形条件，就不能进行。以前湘西南一带，山水秀丽，许多人家都会有一艘小船，农忙的时候，就是种田、钓鱼，空余的时候，人们就会举办划龙舟竞赛，热闹非凡，丰富了本地百姓的精神文化。新中国成立后，人们重视粮食的生产，生态环境受到了极大破坏，人们的生活习惯也随之发生了变化，小型的船只被机械轮渡所取代。并随着时间的推移，只有在民运会上才有机会见到划龙舟比赛。久而久之，许多人对本地区、本民族的体育活动一无所知，如攀爬杆、打飞棒等。因地理环境、场地和器材等方面因素的制约，加之现代体育的

迅速发展，很多传统体育项目逐渐成为一种"无人问津"的状态。另外，传统体育的发展还会受到社会因素的制约，其发展状况与当地的经济发展水平之间有着很大的关系。湘西南是大山区，经济发展速度较慢，因此当地大多的资源和关注重点都集中在了经济建设发展上，忽略了对民族体育发展的扶持。此外，由于缺少资金，很多县市都没有足够的财力来投资体育、修建体育场馆、增添民族体育设备等，由于经济发展的滞后，体育师资队伍建设也存在着很大的问题。

（二）湘西南地区传统体育的劣性变异

随着西方体育理念和项目的引进，湘西南地区很多现代化的体育运动项目都得到了快速的发展。比如，湘西南地区的篮球运动，就在当地受到了欢迎，因为它的比赛地点和设备都很容易获得。那些被年轻人视为过时、陈旧的传统体育运动项目，随着时间的推移，逐渐被淘汰。还有一些传统体育项目，由于受到现代体育运动的影响，原有的运动规则已经发生了变化，失去了原来的味道。

（三）湘西南地区传统体育与学校体育的发展欠协调

当前学校每年都会举办运动会，在设立比赛项目的过程中，应当适当增加传统体育项目的比例。新课标实施国家、地方、学校三个层次的行政管理体系，地方和学校要根据实际情况，适当增加一些传统体育项目，以实现民族传统体育和现代学校体育的和谐发展。

（四）居民对传统体育的认知情况和参与程度不容乐观

随着经济的发展，人们对少数民族传统体育的社会价值有了更多的认识，开始逐渐发展与传统体育有关的旅游项目。一些已经消失的传统体育活动又重新出现在人们的面前。一些地方、乡镇也会举办一年一度的民族传统体育赛事。例如，湘西地区已经成功举办了多次民族传统体育运动盛会，为湖南体育事业的发展输送了大量的优秀传统体育人才。

二、湘西南地区少数民族传统体育发展的对策

传统体育是一种在古代的经济、文化环境中产生，流传至今，并在民间得以全面发展的一种体育文化活动。但是，怎样将这些优秀的民间文化加以抢救、保存、发掘，并将

其融入现代社会主义的历史进程中，是我国少数民族传统体育文化发展当前面对的一个重大课题。

（一）加强传统体育理论研究

目前，应运用社会学、经济学、辩证唯物主义等多角度多方位地深入探讨传统体育运动的基础理论，以适应人们对各种体育理论和各种传统体育爱好的需要，最大限度地挖掘广大民众的潜力，通过不断努力，增强人们的体育能力，提高他们的传统体育文化素养，为少数民族传统体育的发展打下坚实的理论基础。

（二）鼓励和引导传统体育向良性变异

随着人类历史的发展，社会的不断进步以及自然环境的变迁，都不可避免地导致了湘西南地区少数民族传统体育运动在传承的进程中会产生一定的变化。应当明确的是，民族传统文化的变异是客观存在的，唯有顺应大众需求、与时俱进的良性变化，方能使传统文化得以继续传承和发展；而不能顺应时代变迁的传统文化，最终则会面对消亡的命运。为了确保少数民族传统体育项目的持续发展，应积极引导传统体育向良性健康的方向发展。体育专业人士要对湘西南地区少数民族传统体育的心理行为、道德风尚、宗教观念、传统体育种类、规模等进行全面的研究，然后再针对性地进行合理的设计和规划。

（三）提高民众认识

传统文化起源于民间，发展于民间，如果脱离了当地的民众，传统文化就会变成没有源头的水；民间习俗是民众的风俗习惯，反映了民众的生活方式、行为方式和思想方式，并在民众生活中产生、发展、变异、消失。民间的日常活动是传统文化赖以存在与发展的肥沃土壤。提高民众的自觉性，增强民众对传统体育的认知，是维护少数民族传统体育可持续发展的根本途径。随着人们对少数民族传统体育文化认知水平的提高，人们就可以积极、自觉地将优秀的传统体育文化继续传承下去，并在新的历史条件下继续不断创新，使传统体育在历史变更中自觉进行改造，保持蓬勃的发展活力。此外，为了保护湘西南地区少数民族传统体育文化，还可以在物资上给予当地民众一定的支持，让他们不再因为生活而去城市寻找工作的机会。

（四）有组织地挖掘整理传统体育资源与保护工作

与其他传统文化一样，湘西南地区少数民族传统体育也是一种宝贵的精神财富。地方当局应当联合体育届的一些专家学者，对湘西南地区少数民族传统体育进行发掘、复原、记录保存。这样的研究工作，一方面要求科学家们的献身精神；另一方面，也要有长期的政府主持，包括必要的资金、人力，甚至是相关法规的制定等。此外，在发掘、梳理我国传统体育文化的同时，也要运用多种传统与现代科技相结合的技术手段，对传统体育文化进行科学性的保护。应当明确的是，传统体育是一种行为传统，用传统的文字记载方法无法完整地保留传统的体育运动的各个方面，应该建立起一整套规范、科学的裁判与组织形式。所以，我们需要利用现代科学技术，把传统体育运动的每个细微之处都拍下来，从而最大限度地挖掘、整理、保存和展示这些传统体育运动项目。

随着社会的不断发展，湘西南地区的少数民族传统体育仍以民间的民俗活动形式而存在，很少作为学校体育活动的形式存在于学校体育教学课程中，甚至也很少作为正式的体育比赛项目出现在竞技舞台上。当前，虽然国家已经加强了对传统文化的挖掘、整理和保护工作力度，但是对于湘西南地区少数民族传统体育来说，仍没有得到足够的关注，只有很少的传统体育项目被纳入到了国家、省、州、县、乡等非物质文化遗产名录之中。因此，对湘西南地区少数民族传统体育项目的整体与保护工作，仍需进一步加强。在明确湘西南民族传统体育发展状况的基础上，应指出新的改革管理方式，突破以往整理与保护工作中的"瓶颈"；以建立博物馆的方式，对传统体育进行直观的静态保护；通过开展群众健身活动、学校体育教学活动、民间节庆活动，来实现对湘西南地区传统体育的"动态"保护，增强传统旅游文化的发展，达到有力的市场保护。此外，还要加强对湘西南少数民族传统体育文化的整理和保护工作，以实现湘西南地区少数民族传统体育可持续发展的目标。

第四节　我国乡村少数民族传统体育文化发展中的乡贤治理路径

一、创新机制，创建"村两委＋体育乡贤协会＋村民"新机制

体育乡贤协会作为"嵌入型"新组织、新体制，可以有效弥补乡村社会政策体系缺失。

（1）建立发展机制

乡村体育如何发展？朝哪个方向发展？以何种形式发展？成为体育乡贤回归乡村治理

是需考虑的首要问题，可以通过对乡村现行的制度体系进行梳理，根据乡村实际发展状况，在原有的基础上对体育发展制度体系相应条款进行补充或修改，确保制度体系整、全、精，如湖南省林屋村设立了体能训练协会，通过完善体育服务体系、丰富乡村体育服务内容等举措推动乡村体育发展。

（2）建立工作监督机制

体育乡贤协会作为乡村体育工作的重要群体组织，若工作落实不力，则会造成基层党政组织形象受损，体育发展方向扭曲，严重影响乡村振兴，因此，其工作应受广大人民群众监督，定期听取群众意见。例如，群众反映的问题及时整改，管理人员工作不负责及时更替，确保工作落实到实处，服务于民。

（3）建立人才选拔机制

体育乡贤协会事关全村体育事业的发展，因此，协会由谁管理？应成为当地政府和村两委关注的重点。当地政府和村两委可以通过统计体育乡贤人员信息，对照乡贤标准，全方位地进行筛选并采取多种形式向外界公示，增强公信力。

二、广纳贤才，实行多渠道激励保障举措

人才带动乡村发展，人才实现国家繁荣富强。实行精神奖励为主、物质奖励为辅的多渠道奖励保障举措，引进人才并留住人才，为乡村少数民族传统体育发展保驾护航。

（1）实行内生培养、招聘、返聘人才的举措

一方面，内生培养主要体现在内生性体育人才的培养，内生性体育人才的优势在于，生在乡村，长在乡村，了解当地的人文风情，更有利于治理，如大学校园对于乡村户口的学生，实行定向培养，在学有所成后回归乡村建设。与此同时，体育乡贤对本村居民进行本土培养，实行"人带人"培养模式，进一步形成"以点带面"之势。另一方面，招聘和返聘主要体现在外生性体育人才的聘用，招聘、返聘社会体育人才和具有一定学识、技能突出的退役运动员、老教师、科技工作者投身乡村体育事业，继续发光发热，贡献力量。

（2）给予物质奖励

对个人不定期送温暖，给予生活上的物质支持和嘉奖，帮助解决后顾之忧；对组织定期给予体育消费券、设备经费，鼓励他们将智慧和才能展现在乡村并发挥"虹吸效应"引进更多的人才投身乡村建设。

（3）授予精神奖励

设立乡村"光荣榜"，乡村体育人才展示馆，介绍体育乡贤的历史功绩和先进事迹，

定期举办表彰大会，授予先进光荣称号，并利用媒体进行宣传，如福建省华安县每两年评选一次"乡村振兴产业带头人""乡村好青年"并颁发证书，请他们向群众讲授自己心得和经验，使其充分体会到投身乡村建设的光荣感、使命感，体会到乡村建设的重要意义。

三、因地制宜，均衡合理建设公共体育锻炼场域

2021 年国务院印发《全民健身计划（2021—2025）》，文件指出要加大全民健身场地设施的供给。优良齐全的公共体育锻炼场域是乡村体育发展、"健康中国"战略、"体育强国"战略深入实施的基石。

（1）科学设置室外锻炼场域

室外锻炼场域基础面广，使用人员多，因此，体育乡贤要充分展开调研，根据乡村人口的地理位置部分及年龄阶层，考虑场域位置的中心化，锻炼设施的齐全化，锻炼主体的多元化，如青岛市龙山街道为满足乡村群众体育健身需求，打造乡村室外锻炼场所。

（2）齐全室内锻炼场域设施

室外锻炼场域受天气等因素影响具有一定的局限性，因此，体育乡贤要均衡建设室内体育场馆，明确管理责任人并配备相应的技能指导人员，如健身房、室内篮球、乒乓球、棋牌室等体育锻炼场域，既满足了村民日常锻炼所需，又丰富了日常生活。

四、百花齐放，实施"资源跨界＋科技加持"产业发展新模式

2019 年国务院办公厅印发《关于促进全民健身和体育消费推动体育产业高质量发展的意见》指出：要推动我国体育产业成为国民经济支柱性产业。现阶段，伴随着我国社会主义矛盾的转变，人们由最初的追求吃饱穿暖的物质生活到新时代追求文化丰富的精神生活，在此背景下，乡村体育旅游成为当下较受欢迎的旅游娱乐方式，一花独放不是春，百花齐放春满园，乡村体育产业的繁荣兴旺，离不开产业的资源跨界融合及科技的加持，因此，体育乡贤要积极主动地探索乡村少数民族传统体育发展新模式，新举措。

（1）资源跨界融合

"体育＋"发展模式是将体育融入乡村振兴蓝图，以体育促进乡村治理；实现经济可持续增长，乡村居民生活持续向好，乡村少数民族传统体育不仅仅要与当地旅游进行融合，还要与制造业、文化产业、生态农产业进行融合，实现"体育＋"的发展模式，打造出具有特色的创新型发展项目，实现乡村全方位可持续发展。

（2）科技加持

在资源跨界融合发展的基础上，将互联网融入产业的推广和运营，形成"互联网＋"的科技发展模式，如生活中人们使用频率较高的西瓜视频、抖音、美团进行产品推广，体育乡贤可以利用数字终端开发自己的APP，及时推送产品信息和运营动态。"资源跨界＋科技加持"不仅提高了产业核心竞争力，还顺应时代发展趋势，促进乡村可持续发展。

五、把握命脉，促进传统体育文化传承

传统体育文化是中华优秀传统文化的重要构成，也是社会主义核心价值观的形成基础。乡村少数民族传统体育助力乡村治理，在提高人们身体素质，促进乡村经济发展的同时，最重要的任务是赋予乡村少数民族传统体育文化内涵。

（1）设立传统体育文体中心

体育乡贤担任讲解员，向前来参观的村民讲解知识，发放纪念品，并利用节庆日对传统文化项目进行表演，加大村民对传统体育文化认可度。

（2）加大"传承人"的培养力度

首先，在学校课程中添加传统体育课程，由体育乡贤担任教师；其次，转变家长观念，促进学生德智体美劳全面发展；最后，体育乡贤可以利用假期对本土学生传授传统体育文化知识和技能，形成内生良性循环。

（3）举办传统体育大赛

如龙舟、风筝、舞龙等具有竞技性的乡村少数民族传统体育项目，让村民参与其中，体会传统体育项目内涵；如龙舟项目中蕴含的团结奋斗、互帮互助、坚持不懈等精神内涵，促进和谐乡村建设。

参考文献

[1] 翟翠丽，伍广津．民族传统体育文化在我国体育教育中的传承与发展 [M]．北京：知识产权出版社，2022．

[2] 赵秋菊．民族传统体育概论 [M]．北京：高等教育出版社，2022．

[3] 姚文凭，罗惠．湘西南少数民族非物质文化遗产及活态传承 [M]．北京：中国海洋大学出版社，2020．

[4] 陈伟，张宁，王纯．民族体育发展研究 [M]．成都：电子科技大学出版社，2017．

[5] 李延超．民族体育文化生态：困境与发展 [M]．北京：人民出版社，2017．

[6] 陈振勇．少数民族体育文化促进民族关系和谐的理论与实践研究 [M]．北京：中国广播影视出版社，2015．

[7] 央西．中国少数民族体育 [M]．北京：中国画报出版社，2004．

[8] 饶远，刘竹．中国少数民族体育文化通论 [M]．北京：人民出版社，2009．

[9] 曾于久．民族传统体育概论 [M]．北京：人民体育出版社，2000．

[10] 冯国超．中国传统体育 [M]．北京：首都师范大学出版社，2007．

[11] 黄益苏，张东宇，蔡开明．传统体育运动 [M]．北京：高等教育出版社，2007．

[12] 雷江华．融合教育导论 [M]．北京：北京大学出版社，2012．

[13] 刘春燕，谭华．中华民族传统体育的兴盛、危机与复兴 [M]．北京：人民出版社，2016．

[14] 刘少英．民族传统体育学 [M]．北京：民族出版社，2011．

[15] 刘万武．民族传统体育理论与项目教学研究 [M]．北京：中国水利水电出版社，2014．

[16] 卢兵．中华民族传统体育文化导论 [M]．北京：民族出版社，2005．

[17] 卢红梅．中华传统体育养生概论 [M]．长春：吉林大学出版社，2009．

[18] 芦平生．民族传统体育研究 [M]．兰州：甘肃教育出版社，2002．

[19] 邱丕相．民族传统体育概论 [M]．北京：高等教育出版社，2008．

[20] 曲小锋，罗平等.民族传统体育研究[M].北京：中国商务出版社，2007.

[21] 饶远，刘竹.中国少数民族体育文化通论[M].北京：人民出版社，2009.

[22] 宋加华，崔素珍等.民族传统体育保健学[M].北京：民族出版社，2002.

[23] 王岗，王铁新.民族传统体育发展的文化审视[M].北京：北京体育大学出版社，2005.

[24] 王光.民族传统体育养生[M].上海：上海大学出版社，2006.

[25] 王英.民族传统体育文化研究[M].西安：西安地图出版社，2008.

[26] 韦晓康，张延庆.少数民族传统体育与文化传承[M].北京：中央民族大学出版社，2009.

[27] 姚重军.少数民族传统体育文化研究[M].北京：民族出版社，2004.

[28] 尹海立.传统体育养生方法导论[M].北京：高等教育出版社，2008.

[29] 张选惠.民族传统体育概论[M].北京：人民体育出版社，2005.

[30] 蔡东，武吉文，潘能辉.湘西民俗体育的内容与特征[J].科技视界，2014（26）：2.

[31] 陈卓，吴湘军.湘西地区少数民族传统体育市场培育与开发对策研究[J].体育世界：学术版，2020（2）：2.

[32] 董鹏，程传银，赵富学，等.体育新乡贤：概念厘定、时代价值与发展路径[J].武汉体育学院学报，2018，52（9）：7.

[33] 傅强，李英.少数民族体育的历史价值，文化价值和情感价值——基于后现代主义视角[J].2021（11）：227-230.

[34] 洪邦辉，胡庆山.少数民族传统体育文化发展的现代寻绎——传统变迁的叙事线索[J].广西社会科学，2022（5）：8.

[35] 胡龙，李扬.湘西民族体育文化产业与经济发展研究[J].当代体育科技，2014，4（34）：2.

[36] 李斌，彭路.湘西民族体育旅游项目资源的开发现状研究[J].当代体育科技，2017，7（27）：2.

[37] 李鸿宜，韩重阳，姚蕾，等.少数民族传统体育传承困境与发展对策[J].体育文化导刊，2020（5）：6.

[38] 李晖，周琥，黄先锋.湘南少数民族传统体育文化保护利用与乡村振兴互动研究[J].当代体育科技，2021，11（24）：3.

[39] 刘培星，张世威.少数民族传统体育与村落文化互动发展研究[J].2021（2）：1-4.

[40] 刘晓菲，李樑.中国少数民族传统体育产业概念，特征与分类[J].2021（3）：62-64.

[41] 盘劲呈，高元龙，刘晓虎，等 . 少数民族乡村体育旅游居民态度：获益与支持 [J].2021（4）：1–7.

[42] 宋灵凤 . 论乡村体育振兴中体育新乡贤的价值定位及其价值实现路径 [J]. 南京体育学院学报，2022，21（2）：5.

[43] 苏舟，于奎龙 . 文化空间概念下少数民族体育文化的可持续发展 [J]. 贵州民族研究，2020，41（4）：5.

[44] 徐文，张玥，白胜超，等 . 乡村振兴视域下体育新乡贤参与乡村治理路径研究 [J]. 浙江体育科学，2022，44（3）：6.

[45] 张艳，张建 . 乡村振兴背景下少数民族体育与旅游业融合发展的途径分析 [J]. 社科纵横，2022，37（3）：4.

[46] 赵富学，王杰 . 少数民族地区体育援助的价值与实践路径 [J]. 体育文化导刊，2021（2）：7.